Gernot Rotter

ALLAHS PLAGIATOR

Gernot Rotter

ALLAHS PLAGIATOR

Die publizistischen Raubzüge des »Nahostexperten« Gerhard Konzelmann

PALMYRA

Die Deutsche Bibliothek – CIP-Einheitsaufnahme

Rotter, Gernot:
Allahs Plagiator : die publizistischen Raubzüge des »Nahostexperten« Gerhard Konzelmann / Gernot Rotter. – Heidelberg : Palmyra, 1992
ISBN 3-9802298-4-X

Bienenstraße 1, 6900 Heidelberg, Germany
Tel. 06221 / 165409

Lektorat: Angela Koch
Umschlaggestaltung: Franz Schmucker und Georg Stein
Umschlagfotos: teutopress und Georg Stein
Foto Rückseite: Gerald Sagorski / Diagonal
Satz: Reinhard Kratzke, Heidelberg
Druck: Ebner Ulm
Printed in Germany
ISBN 3-9802298-4-X

Inhalt

Allen selbsternannten
Experten, Sachbuchautoren
und Feindbildproduzenten
zur inneren Einkehr

» Jedes Plagiat richtet sich nämlich von selbst. Auf ihm ruht der Fluch, der jedes gestohlene Gut zu einem freudlosen Besitz macht, sei es nun geistiger oder materieller Natur. «

(Egon Friedell, zitiert nach G. Denzler in der *Süddeutschen Zeitung* vom 18./19. Januar 1992)

Das Offenbarungserlebnis von Buxtehude

Die Enttarnung eines Großplagiators

Es gibt Autoren, deren Bücher ich bis vor einem Jahr aus Prinzip nicht las. Dazu gehörten in erster Linie die Bücher jener Zeitgenossen, die sich im Fernsehen als Experten feiern lassen, deren Äußerungen aber dem Fachmann hinlänglich zeigen, daß sie bestenfalls ein gesundes Halbwissen von der betreffenden Materie besitzen. Einer dieser Fernseh-Experten ist – beziehungsweise war – Herr Gerhard Konzelmann, »der Kalif von Stuttgart«, wie ihn DER SPIEGEL im Verlaufe der Affäre bezeichnete, von der ich im folgenden erzählen möchte und in der Konzelmann freilich weniger die Rolle eines Kalifen als die des Räubers Ali Baba spielt.

Alles begann damit, daß ich im Frühjahr 1991 meinem obengenannten Prinzip erstmals untreu wurde. Und dies trug sich folgendermaßen zu: Wie stets, »wenn hinten in der Türkei die Völker aufeinanderschlagen«, so blickten auch während des Golfkrieges wieder unsere beiden großen TV-Nahostexperten Gerhard Konzelmann und Peter Scholl-Latour – ersterer im ARD, letzterer im ZDF

– mehrmals täglich aus der Bildröhre, gaben ihre krausen Halbwahrheiten zum besten und waren eifrig bemüht, das abhandengekommene Feindbild »Ostblock« durch ein neues Feindbild »Islamische Welt« zu ersetzen beziehungsweise, da dieses in Wirklichkeit ein ganz altes ist, neu zu beleben.

Mit Grausen sahen es die Orientalisten, zuckten mit den Schultern, mühten sich, in Vorträgen und sonstigen Veranstaltungen einige der von den beiden Herren verbreiteten rassistischen Vorurteile wieder abzubauen, oder zogen sich resigniert in ihre Wissenschaft zurück. Nur einer, mein Kollege Heinz Halm aus dem Orientalischen Seminar der Universität Tübingen, war es endgültig leid und blies zur Attacke, das heißt, in einer geradezu masochistischen Anwandlung führte er sich eine Reihe von Büchern beziehungsweise Filmen der beiden »Experten« zu Gemüte, schrieb die Erkenntnisse, die er bei dieser Lektüre gewann, nieder und schickte den Artikel an die *Süddeutsche Zeitung*, die ihn in ihrer Feuilleton-Beilage Mitte Februar 1991 unter dem wenig schmeichelhaften Titel *Die Panikmacher* prompt veröffentlichte.

»Keine seriöse Zeitung, kein Sender«, so Heinz Halm mit Blick auf Frankreich, »könnte es sich dort erlauben, Laien über den Islam schwadronieren zu lassen.« Böse geht er mit Scholl-Latour ins Gericht, nachdem er zunächst Konzelmann gründlich verhackstückt hat, indem er seinen Büchern bescheinigt, daß »ihr historischer

Informationswert gleich null« ist und sie »zum größten Teil aus wertlosem Anekdotenmüll« bestehen.

Der Angriff zeigte Wirkung, und unsere beiden Experten, besorgt um ihr Nahost-Monopol im Fernsehen und die damit verbundenen Pfründe, nahmen die Einladung zum Duell an, wobei sie tunlichst aber selbst die Waffen und den Ort des Kampfes bestimmten: Dagobert Lindlaus Talkshow »Veranda« im ZDF am 13. März, knapp vier Wochen nachdem Halms Artikel erschienen war. Im Verein mit Spezi Lindlau als Sekundanten wollten die beiden weltgewandten Stars auf hauseigenem Kampfplatz den unverschämten Burschen aus der verstaubten Studierstube Mores lehren. Fairneß war nicht angesagt. Kaum machte Halm (Lindlau herablassend: »Jetzt wollen wir mal den Professor reden lassen!«) den Mund auf, schnitt Scholl-Latour ihm regelmäßig, zuweilen brüllend, das Wort ab. Feist grinsend »moderierte« Lindlau die getürkte Show. Nur Konzelmann wirkte an diesem Abend etwas unsicher und eher ungewöhnlich zurückhaltend. Mag ihn, den bauernschlauen schwäbischen Taktiker, die Ahnung beschlichen haben, aus dem inszenierten Schlachtfest könnte ein Pyrrhussieg werden?

Viele Orientalisten, allen voran die Studenten, aber auch zahlreiche andere Zeugen des Spektakels, bekundeten nach der Sendung ihre Solidarität mit Halm und ihre Verachtung für die beiden Nahost-Schwadronäre. In Tübingen und in Hamburg bildeten sich spontan studentische Arbeitskreise, die Konzelmann und Scholl-Latour beziehungsweise deren filmischen und publizistischen Werken eine kritische Prüfung angedeihen lassen wollten. In Hamburg nannte sich diese Gruppe »Konzeltour«. Es war weniger das Sinnen auf Rache für den verbalen Meuchelmord an dem in einen Hinterhalt gelockten Stammesgefährten, das die Gruppe beseelte, als vielmehr das Bestreben, den Flurschaden, den die beiden mit ihren tendenziösen, bisweilen rassistischen Äußerungen immer weiter ausdehnten, als bewußte Verbreitung eines neuen Feindbildes »Islam« zu entlarven.

Da ich in Hamburg die Aktion »Konzeltour« mitangeregt hatte, hätte es mir schlecht zu Gesicht gestanden, die Studenten in ihrem Eifer allein zu lassen, weshalb ich die Gruppe beratend begleitete. Und so fügte es sich, daß ich mir am Abend eines langen Arbeitstages eines der inzwischen im Institut angeschafften Werke Konzelmanns in die Tasche steckte. Viel Kurzweil versprach ich mir davon nicht für die Zugfahrt von Hamburg nach Basbeck-Osten, die immerhin über eine Stunde dauert, doch für wissenschaftliche Lektüre war ich zu müde, die wichtigsten Tageszeitungen mit kleingedruckten Buchstaben kannte ich schon, und erneut die Rückseite der auflagenstärksten deutschen Tageszeitung mit den großen Lettern und den bunten Nackedeis bei meinem Gegenüber zu studieren, war ich leid.

Und so geschah es denn. Es war wohl in Hamburg-Harburg, wo der Zug in der Regel einen unerklärlichen längeren Halt einlegt, daß ich Konzelmanns Opus zückte. Es war ein Taschenbuch, erschienen im Bastei-

Lübbe Verlag. Das Werk trägt den Titel *Mohammed. Allahs Prophet und Feldherr.* Schon wieder »Allah«. Ist es diesen selbsternannten Nahostexperten denn wirklich nicht beizubringen, daß »Allah« schließlich nichts anderes als »Gott« bedeutet und daß die Christen im Nahen Osten, die schon vor dem Auftreten des Islam dort lebten, »Gott« eben auch nur als »Allah« kannten und kennen? Es würde keinem muslimischen Autor, auch nicht dem böswilligsten »Fundamentalisten«, in den Sinn kommen, die Christen als Verehrer eines Gottes »Deus«, »Dieu«, »God« usw. zu exotischen Heiden zu erklären.

Den Umschlag ziert ein Farbfoto, das acht sehr hellhäutige, karnevalsmäßig in weiße, bettlakenähnliche Tücher gehüllte Mannsleute zeigt, die, auf einem Hügel stehend, ein Krummschwert, ein Langschwert und verschiedene Gewehre aus der Requisitenkammer eines Theaters martialisch in den milchig-blau marmorierten mitteleuropäischen Himmel recken, während am Abhang vor ihnen in einem Feuer Reisig verbrennt, wie man es eher auf der Schwäbischen Alb als in Arabiens Wüsten findet. »Feuer und Schwert«, das potentielle Vorurteil des Lesers über den Islam, war wiedererweckt und bestätigt. (Die dramaturgische Fehlleistung, ein Buch über Mohammed mit Männern zu zieren, die Gewehre tragen, habe ich damals noch als Lapsus des Verlages belächelt.)

Daß diese Art Werbung ihr Ziel aber offenbar nicht verfehlt hatte, zeigte sich noch vor der Titelei insofern, als ich dort vermerkt fand, daß das Buch 1991 bereits die vierte Auflage erlebte, nachdem es 1980 erstmals erschienen war. Der Mann mußte reichlich Geld damit verdient haben!

Zehn Seiten Vorwort. Überschrift: *Heiliger Krieg um Jerusalem?* Konzelmann pur. Ein bißchen Kreuzfahrer, ein bißchen Mohammeds Himmelsreise, ein bißchen Dschihad, dazu noch im Wortlaut das israelische »Grundgesetz über Jerusalem als Hauptstadt Israels« und eine Warnung – geradezu visionär! – vor brennenden Ölfeldern. Damit der deutsche Leser nicht vergißt, daß es in jener Ecke der Welt überhaupt irrational zugeht, stärkt ihm Konzelmann vorab das Selbstbewußtsein: »Für den abendländisch geschulten Kopf, dem die Skepsis in Generationen anerzogen wurde...« Und zum Abschluß des Vorworts verbreitet er die tröstende Hoffnung, daß wir die islamische Bedrohung vielleicht doch noch in den Griff bekommen, denn: »Noch können die Ereignisse gesteuert werden, von verantwortungsbewußten Personen, denen die Hintergründe bekannt sind.«

Und Konzelmann ist ausgezogen, unseren verantwortungsbewußten Personen (Genscher, dessen Stärke ja nicht gerade die Nahost-Politik war, oder Ben Wisch oder gar Abu Raibach Möllemann) zunächst einmal Mohammed als den Begründer dieses seltsamen Islam, des Haupthintergrundes, vorzustellen.

Das erste Kapitel trägt die Überschrift: *Die Stunde der ersten Offenbarung* und beginnt mit dem Satz: »Bewahrt in der Überlieferung sind die Worte, mit denen Mohammed selbst jenes Ereignis schilderte.« Und dann, ja dann – der Zug fuhr gerade in den Bahnhof von Buxtehude ein – hatte ich selbst meine erste Offenbarung, denn der Text, den Konzelmann darauf folgen ließ, kam mir geradezu penetrant bekannt vor. Hatte der schwäbische Schlawiner wirklich aus meiner 1976 erschienenen Übersetzung des frühen arabischen Geschichtsschreibers Ibn Ishaq einfach abgeschrieben, ohne auch nur mit einem Sterbenswörtchen darauf hinzuweisen? Aufgeregt blätterte ich andere Kapitel durch, und siehe da, nur wenige waren darunter, in denen sich nicht die gleichen Déjà-vu-Erlebnisse einstellten. Und nicht einmal ein Literaturverzeichnis!

Ich schlug das Buch zu und versank ins Grübeln. Hatte nicht mein Vorgänger in Hamburg, Werner Ende, in einer Besprechung meines Buches in der ZEIT Ende 1976 geschrieben: »Im Vorwort nennt Rotter... die Leser, die er sich für diesen Band wie auch für die folgenden Bände dieser Reihe wünscht: Lehrer, Studenten, Journalisten (vielleicht auch Sie, Herr Konzelmann?)...« War Konzelmann dieser Anregung prompt gefolgt? Oder beherrschte er vielleicht doch so gut Arabisch, daß er diese Texte aus dem 8. Jahrhundert selbst übersetzt hatte? Zumindest war ja, wie ich aus zahlreichen Gesprächen mit Freunden und Bekannten wußte, bei seinen Lesern und Fernsehzuschauern dieser Eindruck entstanden. Oder hatte er eine andere Übersetzung in einer europäischen Sprache vorliegen, wie die englische von A. Guillaume von 1955 oder die alte deutsche von Gustav Weil von 1864? Wenn er aber in diesem Buch so massiv von mir (vielleicht auch noch von anderen?) abgeschrieben haben sollte, war es dann auszuschließen, daß auch große Teile seiner anderen Bücher schlicht Plagiate waren? War dies überhaupt das Geheimnis der Leistung Konzelmanns, in 20 Jahren mindestens 24 »Sachbücher« und sogar zwei historische Romane geschrieben zu haben, Bücher, von denen die meisten 400 bis 500 Seiten umfassen – und dies alles neben seinen diversen Fernseharbeiten? Hatte nicht schon Heinz Halm in seinem Artikel in der *Süddeutschen Zeitung* gefragt: »Wann schreibt er das nur alles?« Oder ließ er gar schreiben? Wenn dies aber so war, hatte ich dann nicht mit »Plagiator« vielleicht das Zauberwort gefunden, um diesen über die Mattscheiben wabernden Geist ganz schnell in seine Flasche zurückzutreiben?

Kaum zuhause angekommen, stürzte ich voller Ungeduld in meine Bibliothek, las wieder und wieder, verglich und verglich, strich an, zählte und rechnete. Als das Wochenende vorüber war, ich nur wenig geschlafen und Konzelmann mir zwei Tage lang meine Familie entfremdet hatte, war es mir zur Gewißheit geworden: Zwölf bis fünfzehn Prozent waren wörtlich oder fast wörtlich von mir abgeschrieben, also Plagiate; mindestens nochmal so viel waren eindeutige Paraphrasen, also leicht wiederzuerkennende Nacherzählungen der in meiner Übersetzung geschilderten Vorgänge. Somit verdankte Konzelmann rund 30 Prozent seines Werkes meinem Übersetzungseifer, in einigen Kapiteln seines Buches betrug mein Anteil sogar 50 bis 80 Prozent. Plagiat und Paraphrase gingen dabei nicht selten ineinander über. So beginnt – als Einführung in Konzelmanns Plagiatstechnik – das erwähnte Offenbarungserlebnis des Propheten bei Konzelmann beziehungsweise bei mir jeweils folgendermaßen.

Konzelmann S. 17f.:

»Bewahrt in der Überlieferung sind die Worte, mit denen Mohammed selbst jenes Ereignis schilderte: ›Als ich schlief, trat der Engel Gabriel zu mir. Er trug ein Tuch, das aus Brokat zu sein schien. Auf diesem Tuch stand etwas geschrieben. Gabriel sprach: Lies!

Ich erwiderte: Ich kann nicht lesen.

Da preßte mir der Engel das Tuch ins Gesicht, daß ich dachte, mein Tod wäre gekommen. Doch er ließ mich los und sagte wieder: Lies!

Meine Antwort war: Ich kann nicht lesen. Und wieder würgte mich der Engel mit dem Tuch – und wieder dachte ich, der Tod sei mir nahe. Als er mich endlich freigab, da hörte ich erneut den Befehl: Lies!

Zum dritten Mal war meine Erwiderung: Ich kann nicht lesen. Als mich der Engel dann nochmals fast zu Tode würgte und mir wieder zu lesen befahl, fragte ich aus Angst, er könne mich ein viertes Mal packen: Was soll ich lesen?

Da sprach der Engel: Lies im Namen deines Herrn, des Schöpfers, der den Menschen erschuf aus einem Klumpen geronnenen Blutes. Lies von deinem Herrn, dem Allerbarmenden. Lies: Im Namen Allahs, des Allbarmherzigen. Lies von ihm, der das Schreibrohr zu brauchen lehrte, der die Menschen in Dingen unterrichtete, die sie nicht wußten...‹«

Rotter S. 43/44:

»Als ich schlief, so erzählte der Prophet später, trat der Engel Gabriel zu mir mit einem Tuch wie aus Brokat, worauf etwas geschrieben stand, und sprach: ›Lies!‹

›Ich kann nicht lesen‹, erwiderte ich. Da preßte er das Tuch auf mich, so daß ich dachte, es wäre mein Tod. Dann ließ er mich los und sagte wieder: ›Lies!‹

›Ich kann nicht lesen‹, antwortete ich. Und wieder würgte er mich mit dem Tuch, daß ich dachte, ich müßte sterben. Und als er mich freigab, befahl er erneut: ›Lies!‹

Und zum dritten Male antwortete ich: ›Ich kann nicht lesen.‹ Als er mich dann nochmals fast zu Tode würgte und mir wieder zu lesen befahl, fragte ich aus Angst, er könne es nochmals tun: ›Was soll ich lesen?‹

Da sprach er:

›LIES IM NAMEN DEINES HERRN, DES SCHÖPFERS, DER DEN MENSCHEN ERSCHUF AUS GERONNENEM BLUT! LIES! UND DER EDELMÜTIGSTE IST DEIN HERR, ER, DER DAS SCHREIBROHR ZU BRAUCHEN LEHRTE, DER DIE MENSCHEN LEHRTE, WAS SIE NICHT WUSSTEN...‹«

Die Änderungen, die Konzelmann bei der Wiedergabe meines Textes vorgenommen hat, sind zu geringfügig, um die wahre Herkunft verschleiern zu können. Ausgerechnet in den Koranversen, die ich in meiner Übersetzung durch Großbuchstaben gekennzeichnet hatte, hat er gewaltig gerührt und sich sogar zu erheblichen Veränderungen beziehungsweise frei erfundenen Ergänzungen erdreistet. Warum macht er nur aus »meinem« Koranvers »Lies! Und der Edelmütigste ist dein Herr, Er, der das Schreibrohr zu brauchen lehrte...« ein kümmerliches »Lies von ihm, der das Schreibrohr zu brauchen lehrte...«? War es ihm etwa peinlich, Gottes Edelmut dafür zu preisen, daß dieser auch ihn den Gebrauch des Schreibrohres – aber zum Schreiben und nicht zum Abschreiben – gelehrt hatte? Doch im Ernst: Selbst einem Atheisten – sollte Konzelmann denn einer sein – steht es nicht gut zu Gesicht, heilige Texte, nach islamischer Vorstellung in diesem Falle sogar Gottes Wort, derart frei zu redigieren, schon gar nicht in einem angeblichen Sachbuch.

Da wir gerade bei Konzelmannscher Textverarbeitung sind, hier noch ein kurzes Beispiel dafür, wie er vor allem dann, wenn es sich nicht um wörtliche Reden, sondern um allgemeine Schilderungen handelt, seine Vorlage stärker verläßt und in die Paraphrase ausweicht. Es geht in diesem Geschichtchen um Abdalmuttalib, den Großvater Mohammeds, in dessen Haushalt dieser nach dem Tod seiner Mutter zwei Jahre lang aufgezogen worden war. Bei Konzelmann (S. 30) liest man folgendes:

»Die Überlieferung berichtet, daß dieser Mann das Privileg genossen habe, im Schatten der Kaaba, die damals ein bescheidener Gebäudewürfel gewesen sein muß, für die Nachmittagsruhe eine Liegestatt aufzustellen. Aus Ehrfurcht wagte es kein Mann der Familie, sich zusammen mit Abdalmuttalib auf dieses einfache Bett zu setzen – nur Mohammed, so wird erzählt, habe die Kühnheit besessen.«

Dieser Paraphrase liegt in meiner Übersetzung des Ibn Ishaq der folgende Text zugrunde:

»Diesem hatte man im Schatten der Ka'ba eine Liegestatt aufgestellt, um welche seine Söhne herumsaßen und warteten, bis er jeweils aus der Ka'ba herauskam. Aus Ehrfurcht vor ihm wagte es keiner, sich daraufzusetzen. Nur der Gesandte Gottes kam oft und nahm Platz darauf, obwohl er noch ein Knabe war.«

Als ich am Montag Vormittag wieder im Zug von Basbeck nach Hamburg saß, war ich einerseits stolz auf den Erfolg meiner urheberrechtlich kriminalistischen Spurensuche, andererseits aber betrübt, mußte ich mir doch eingestehen, einen schweren medienpolitischen Fehler begangen zu haben, indem ich all die Jahre Konzelmanns Fernsehsendungen über den Nahen Osten zwar mitleidvoll belächelt, mich zuweilen auch in hohem Maße über sie geärgert, doch besserwisserisch erhaben nie in seine Bücher gesehen hatte. Schon vor zehn Jahren hätte der unselige Medienspuk ein Ende haben und es verhindert werden können, daß zumindest durch Herrn Konzelmann – Monsieur Scholl-Latour war mit seinem noch extremer rassistischen Feindbild wieder eine andere Geschichte – kein weiteres Unheil in den Köpfen angerichtet wurde. Umso dringender, so mein fester Entschluß, galt es nun, das Versäumte aufzuholen.

Arabiens Rache oder von der Schwierigkeit, arabische Plurale zu erkennen

Konzelmanns Unkenntnis der arabischen Sprache

So klar für mich selbst feststand, daß Konzelmann in seinem Buch *Mohammed. Allahs Prophet und Feldherr* ungeniert rund 30 Prozent (Plagiate und Paraphrasen zusammengenommen) aus meiner Ibn-Ishaq-Übersetzung gefrühstückt hatte, so sehr verunsicherten mich zwei weitere Feststellungen beziehungsweise Überlegungen. Bei der mehrfachen Lektüre seines Buches war mir aufgefallen, daß es auch Kapitel beziehungsweise Teile von Kapiteln enthielt, die zwar unmöglich auf seinem eigenen Mist gewachsen sein konnten, sich aber auch nicht in meinem Buch fanden, das heißt, ich mußte feststellen, woher er dieses »Wissen« bezogen hatte; immerhin war darunter auch eine Reihe von Aussprüchen und Dialogen, die er – das unterstellte ich zu seinen Gunsten – wohl nicht aus dem hohlen Bauch einfach frei erfunden hatte. Ich hatte da zwar schon einige Verdachtsmomente, doch blieb dies alles immer wieder an der einen Frage hängen: Konnte Konzelmann, was man von einem Nahostexperten eigentlich erwarten sollte, Arabisch, ja, beherrschte er es so gut, daß er selbst alte – sprachlich wahrlich nicht einfache – arabische Texte lesen und übersetzen konnte? War dies der Fall, mußte ich damit rechnen, daß er in eitler Selbstüberschätzung die Flucht nach vorne antrat und behauptete, er habe die Texte selbst aus dem Arabischen ins Deutsche übertragen. Zwar war ich mir völlig sicher, daß ein sprachwissenschaftliches Gutachten den Plagiatsvorwurf, eben die Tatsache, daß er abschrieb, ohne seine wahren Quellen auch nur mit einem Sterbenswörtchen zu erwähnen, eindeutig bestätigen würde, doch wäre damit ein erheblicher Zeitaufwand verbunden gewesen.

Zunächst ging es also darum, zu beweisen, daß Konzelmann nicht einmal in die Anfangsgründe des Arabischen eingedrungen war. Daß dem in der Tat so war, wußte ich zwar seit langem (nicht zuletzt von einem seiner deutschsprachigen arabischen Kameramänner in Beirut, vor allem aber von den beiden einzigen fließend Arabisch sprechenden deutschen Journalisten im Nahen Osten, nämlich Arnold Hottinger von der *Neuen Zürcher Zeitung* und Volkhart Windfuhr vom SPIEGEL), doch galt es, dies einer Öffentlichkeit beziehungsweise Leserschaft, die Konzelmann bewunderte, und nicht zuletzt auch meinen Anwälten und später eventuell auch einem Richter so plausibel zu machen, daß niemand mehr daran zweifeln konnte.

Nun hat sich Konzelmann zwar gelegentlich, wie ich mich zu erinnern glaube, mit einer arabischen Zeitung im Arm im Fernsehen medien- und expertenwirksam ablichten lassen, doch hat er meines Wissens nie ausdrücklich gesagt: »Ich spreche fließend Arabisch«; wobei am Rande bemerkt sei, daß selbst jemand, der »nur« im modernen Zeitungsarabisch einigermaßen bewandert ist, deshalb noch lange nicht in der Lage ist, über tausend Jahre alte Texte zu übersetzen. Wenn Konzelmann aber in seinen Büchern und so auch in seinem Mohammed-Buch Formulierungen benutzt wie: »Die Überlieferung berichtet«, »Überliefert ist die Erzählung«, »Bewahrt in der Überlieferung sind die Worte«, »Eine Chronik aus früher islamischer Zeit berichtet« und ähnliches mehr, muß sich beim Leser natürlich die Vorstellung einnisten: Der kann's.

Zur Klärung dieses Problems sah ich mir in den folgenden Tagen zunächst nochmals Konzelmanns Mohammed-Buch, aber auch bereits einige weitere seiner Werke an, wobei ich – auch in anderer Hinsicht – zahlreiche erheiternde Erlebnisse hatte, auf die jedoch erst später eingegangen werden soll, damit der Leser auch bis zum Ende des Buches noch etwas zu lachen hat. Folgendes fand ich jedoch für den aktuellen Fragenkomplex bemerkenswert: Heißt es doch im Werbetext auf dem Umschlag seines schon 1977 erstmals erschienenen Buches *Die großen Kalifen*: »Gerhard Konzelmann, der intimste Kenner Arabiens, hat mit seinen Erfahrungen von arabischem Denken und Handeln das faszinierende Geschehen formuliert. Die Schätze der Museen und Archive der arabischen Hauptstädte standen ihm offen. Er konnte unveröffentlichte Dokumente auswerten. Bislang nicht bekannte Korrespondenzen aus den Kanzleien des Propheten und der Kalifen erbrachten bestechende historische Erkenntnisse.«

Den schuldlos unkundigen Leser mußte derlei Unsinn überzeugen: Konzelmann schleicht sich, arabisch gewandet, durch die Katakomben ehemaliger Kalifenpaläste, blättert in vergilbten Pergamenten, entdeckt den Steuerausgleichsantrag der ersten Frau des Propheten, macht sich heimlich Notizen und unterbreitet all dies der staunenden abendländischen Öffentlichkeit. Doch leider ist alles ganz anders. Es gibt nämlich keine Archive, in denen sich »Korrespondenzen aus den Kanzleien des Propheten und der Kalifen« finden. Wir Orientalisten und nicht zuletzt unsere arabischen Wissenschaftskollegen würden viel dafür geben, wenn es sie gäbe. Doch so, wie es ist, kann ein Islamwissenschaftler über eine solche Behauptung nur in schallendes Gelächter ausbrechen oder vor Bewunderung ob einer solchen Dreistigkeit erstarren. Nein, solche Korrespondenzen haben sich im Original wirklich nicht erhalten, und taucht mal ein Fitzelchen eines solchen Dokumentes auf, schlägt die Begeisterung der europäischen wie arabischen Wissenschaftler hohe Wellen. Dennoch kennen wir eine große Zahl von solchen Dokumenten, aber nicht, weil sie in irgendwelchen geheimnisvollen Verließen aufbewahrt wurden, sondern weil arabische Geschichtsschreiber, spätestens vom 8. Jahrhundert an, dieses Material ausgewertet und niedergeschrieben haben. Ihre Werke und deren mehr oder weniger zahlreiche Abschriften haben sich in den – für jedermann zugänglichen – arabischen Handschriftenbibliotheken des

Nahen Ostens von Kairo bis Istanbul tatsächlich erhalten. Dem kleinsten Studenten stehen bei billigem Erwerb einer Benutzerkarte oder sogar kostenlos alle diese Bibliotheken offen. Doch dessen bedarf es gar nicht. Arabische und europäische Gelehrte haben seit weit über hundert Jahren viel Zeit investiert, um die wichtigsten dieser Texte zu edieren, das heißt sie zu drucken und damit einer interessierten Öffentlichkeit zugänglich zu machen. Die Buchhandlungen, ob in Beirut, Damaskus, Kairo oder Tunis, sind voll davon. Und im Gegensatz zu uns werden diese mittelalterlichen Texte in der arabischen Welt auch weiterhin reichlich gekauft und gelesen. Wie bei uns Goethe aus einer honorigen Privatbibliothek nicht wegzudenken ist, so ist es eben dort zum Beispiel auch die Propheten-Vita des Ibn Ishaq nicht, jenes arabischen Geschichtsschreibers, der etwa 120 Jahre nach dem Tode des Propheten alle ihm zugänglichen mündlichen und schriftlichen Überlieferungen über das Leben Mohammeds zusammenschrieb und so für die Nachwelt bewahrte. Sein Buch ist, da der Koran für das Leben Mohammeds wenig hergibt, eine der wichtigsten Quellen eines jeden Orientalisten, der sich mit der Person Mohammeds befaßt.

Was aber, wenn Konzelmann behaupten sollte, er habe, wenn schon nicht in nichtexistierenden Propheten- und Kalifenkanzleien, so doch in einer der gedruckten arabischen Editionen des Ibn Ishaq und vielleicht anderer arabischer Geschichtsschreiber geschmökert? Daß er dazu mangels arabischer Sprachkenntnisse nicht in der Lage war, mußte also im Vorfeld eindeutig bewiesen werden. Und dies geht so: Jeder, der in seiner Jugend Karl May gelesen hat, weiß, daß die Namen von arabischen Stämmen in der Regel mit »Beni« beginnen und darauf der Name des Ahnherrn des Stammes folgt. Karl May, der zwar auch kein Arabisch konnte, wußte aber, daß »Beni« »Söhne« bedeutet und einer von zwei Pluralen des Wortes »Ben«, »Sohn«, ist. »Beni« und »Ben« lauten in korrektem Hocharabisch »Banu« beziehungsweise »Ibn«. Der Stamm des Propheten nannte sich Banu Kuraisch, was also soviel wie »die Söhne des Kuraisch« bedeutet. In Konzelmanns Mohammed-Buch las ich nun zu meinem Erstaunen den Satz: »Die Banu Koraisch – der Stamm Koraisch – *gehörte* zu den angesehenen Kaufmannsfamilien von Mekka. Die Banu Koraisch *war* Besitzer der größten Karawanen...«(S. 29). Nun konnte das ja noch ein Setzfehler sein, doch bald darauf folgt die Feststellung: »Sie besaß das Land...« Und da dies dann im ganzen Buch so bleibt – auch bei anderen Stammesnamen –, ist klar, daß Konzelmann den Begriff Banu tatsächlich für einen Singular hält und als Bedeutung offenbar »der Stamm« oder ähnliches vermutet. Konzelmann war also tatsächlich nicht einmal in die primitivsten Anfangsgründe des Arabischen eingedrungen. Hätte er doch wenigstens Karl May gelesen, wenn er sich schon partout nicht von orientalistischer Fachliteratur (ausgenommen Übersetzungen!) verbilden lassen will! (Im übrigen gehörten die Banu Kuraisch nicht »zu den angesehenen Kaufmannsfamilien von Mekka«, sondern sie waren die freie Bevölkerung Mekkas schlechthin, aber derart historische Unkenntnisse unseres Experten finden sich, wie wir noch zur Genüge sehen werden, zuhauf.)

Hohen Unterhaltungswert hat ein anderes Beispiel für die sprachliche (und historische) Ignoranz des »intimsten Kenners Arabiens«. In seinem jüngsten Buch *Der Golf* (1991 bei Hoffmann und Campe erschienen), in dem sich erneut so mancher Geniestreich des wackeren Schwaben findet, ist auch folgender Satz zu lesen (S. 142f.): »Der Höfling Ikhwan as-Safa schrieb damals auf, welche Funktion die Musik hatte.« In seinem Werk *Die großen Kalifen* gab Konzelmann diese Weisheit noch etwas detaillierter zum besten (S. 243): »Ikhwan as-Safa beschreibt die Variation des Ausdrucks, die damals von den Spielerinnen verlangt wurde.« Woher Konzelmann den Namen »Ikhwan as-Safa« kennt, entzieht sich bislang meiner Kenntnis, ein »Höfling« verbirgt sich dahinter jedoch nicht. Auch handelt es sich nicht um eine einzelne Person, sondern der Name bezeichnet eine größere Anzahl von Gelehrten. Übersetzt heißt »Ikhwan as-Safa« nämlich »die Brüder der Lauterkeit«, und hinter dieser Bezeichnung verbirgt sich eine ganze Philosophenschule aus dem Irak des 10. Jahrhunderts. Diese Gelehrten haben eine umfangreiche Enzyklopädie verfaßt, in der griechische, persische und indische Philosophie ineinanderfließen. Auch hier hat sich Konzelmann also wieder in einem arabischen Plural verheddert, denn »Ikhwan« (oder deutsch besser: »Ichwan«) ist der Plural von »Ach«, was schlicht »Bruder« bedeutet. Ich will ja nicht leugnen, daß die Regeln der arabischen Pluralbildung ihre Tücken haben, von denen jeder Arabischstudent im ersten Semester ein Lied singen kann, doch würde ich diesem, wenn er am Ende des Semesters die Plurale von »Sohn« und »Bruder« noch nicht kennt, dringend empfehlen, das Fach zu wechseln. (Auch historisch ist Konzelmanns Feststellung Unsinn, denn die Ichwan as-Safa schrieben erst im 10. Jahrhundert, während Konzelmann im betreffenden Kapitel den Hof des Kalifen Harun ar-Raschid beschreibt, der Ende des 8. bzw. zu Beginn des 9. Jahrhunderts herrschte.)

Bei weitem nicht so kompliziert wie die Pluralbildung sind die Regeln über den Genitiv im Arabischen, ja diese sind gewiß einfacher als im Deutschen, doch selbst bis dahin ist Konzelmann nie vorgedrungen, wie folgendes Beispiel, ebenfalls aus seinem neuesten Werk *Der Golf*, eindeutig belegt: Für die Stadt Medina gibt er dort (S. 98) als vollständige arabische Bezeichnung die Formulierung »Madinat ar-Rasul Allah« an, was er mit »die Stadt des Propheten Allahs« übersetzt. Nun, Medina wird in arabischen Quellen tatsächlich meist »Madinat ar-Rasul«, »die Stadt des Propheten«, genannt. Konzelmann meinte wohl, um wieder einmal »Allah« unterzubringen, böte es sich an, den Namen entsprechend zu erweitern. Doch hier hat sich Allah am hochstapelnden Meister gerächt. In einer Genitivverbindung fällt im Arabischen nämlich der Artikel des vor dem Genitiv stehenden Substantivs weg; »die Stadt« heißt »al-Madina«, »die Stadt des Propheten aber »Madinat ar-Rasul« (wobei das »ar« nichts anderes als der normale Artikel »al« ist, der an das »r« von »Rasul« assimiliert wird). Wenn aber danach ein weiterer Genitiv folgt, also »Gottes«, dann fällt auch das »ar« vor »Rasul« aus, und »die Stadt des Propheten Allahs« müßte lauten »Madinat Rasul Allah«. (Am Rande sei bemerkt, daß Konzelmann in seinem Mohammed-Buch auf Seite 93 den Namen der Stadt noch mit »Medinat al Raßul« umschreibt, was wegen des durch nichts zu begründenden »ß« besonders drollig wirkt).

Im Grunde würden ja diese drei Beispiele – die sich leicht um ein Vielfaches vermehren ließen – völlig genügen, um zu belegen, daß es mit den Arabischkenntnissen unseres Experten nicht zum besten steht, doch läßt sich darüber hinaus eindeutig beweisen, daß Konzelmann nicht einmal das arabische Alphabet kennt, weshalb es ihm in einfachen arabischen Lokalen (in die er sich aber gewiß nur selten verirrt hat) zuweilen schwergefallen sein dürfte, die Männer- von der Damentoilette zu unterscheiden, sofern denn – diese Einschränkung muß ich der Ehrlichkeit halber machen – eine eigene Damentoilette vorhanden war.

Ich muß vorausschicken, daß die arabische Schrift, die dem Europäer so exotisch wie schwierig erscheint, eine Buchstabenschrift wie die unsere ist und aus 28 Buchstaben besteht. Zwar nehmen manche Buchstaben je nachdem, ob sie am Anfang, in der Mitte oder am Ende eines Wortes stehen, etwas verschiedene Formen an, doch ist dies leicht zu erlernen, und im Unterricht ist das Thema Schrift nach einer Woche erledigt.

Für den Zeitung lesenden Europäer ist es nun zuweilen verwirrend, arabische Namen einmal in dieser, einmal in jener Form umschrieben serviert zu bekommen (Gaddafi, Kathafi, Qaddhafi – was ist richtig?), und er könnte dem Fehlschluß anheimfallen, die für ihre »Uneinigkeit« und ihr »Chaotentum« bekannten Araber würden ihre Namen eben mal so und mal anders schreiben. Das Gegenteil ist jedoch richtig, und das Chaotentum liegt in diesem Falle in der Regel bei den des Arabischen unkundigen westlichen Journalisten, wie eben zum Beispiel bei einem Nahost-Ignoranten namens Konzelmann. Doch auch selbst die Orientalisten haben sich erst relativ spät auf eine einheitliche wissenschaftliche Umschrift festgelegt, die aber bis heute beispielsweise zwischen dem englischen und deutschen Sprachraum durchaus noch kleinere Unterschiede aufweist.

Der Grund für dieses Tohuwabohu ist einfach der Umstand, daß das Arabische eine Reihe von Konsonanten besitzt, die wir in unseren Sprachen nicht kennen, so zum Beispiel drei verschiedene S-Laute, nämlich ein s wie in »Sonne« (stimmhafter präpalataler Reibelaut), ein weiteres wie in »Kasten« (stimmloser präpalataler Reibelaut in nichtschwäbischer Aussprache) und schließlich noch einen, der sich in unseren europäischen Sprachen überhaupt nicht findet und den wir wissenschaftlich als emphatischen präpalatalen Reibelaut definieren. In wissenschaftlichen Publikationen unterscheiden wir diese Laute, indem wir sie mit z beziehungsweise s mit einem Punkt darunter umschreiben. Auch kennt das Arabische – um nur noch ein weiteres

Beispiel zu nennen – zwei verschiedene K-Laute, nämlich einerseits »unser« k und andererseits einen uns unbekannten stimmlosen velaren Verschlußlaut, der im hinteren Teil des Gaumens gebildet und wissenschaftlich mit dem Buchstaben q umschrieben wird. Da dies alles in für ein breiteres Publikum bestimmten Büchern nur zur Verwirrung führt, hat sich praktisch jeder entsprechende Autor oder Übersetzer sein eigenes Umschriftsystem zurechtgezimmert, das er allerdings – sofern er des Arabischen eben mächtig ist – konsequent durchhält.

Wie steht es nun damit in den Bestsellern Konzelmanns? In seinem Mohammed-Buch taucht zum Beispiel auf Seite 63 ein gewisser »Amr« auf, auf der Seite 222 ein »Amru Ibn al Asi« und auf Seite 304 ein »Amru Ibn Aass«. Der Fachmann weiß aus dem Zusammenhang, daß es sich dabei um ein und dieselbe Person handelt, nämlich um den berühmten Prophetengefährten, der später Ägypten erobert hat. Konzelmann blieb dieser Zusammenhang offensichtlich verborgen, weil er eben den Namen dieses Menschen im Arabischen nicht einmal buchstabieren kann. Der aufmerksame Leser könnte nun auf den Gedanken gekommen sein, derlei Inkonsequenzen müsse man einem von Termin zu Termin hetzenden Fernsehjournalisten wohl nachsehen, und überhaupt sei eine solche Buchstabenklauberei doch nur alberne und oberlehrerhafte Pedanterie, doch mir kam ein anderer Gedanke: Legte Konzelmann mit »seiner« wechselnden Umschrift arabischer Namen nicht breite Fährten aus, die mir den Weg auch zu anderen Quellen wiesen, aus denen er sich dreist bedient hatte? Konnten mir die arabischen Namensformen bei Konzelmann nicht sozusagen als Leitfossile dienen, um mir die Urgeschichte seiner Werke zu erschließen? Damit war, ich fühlte es, ein entscheidender methodischer Durchbruch in der Konzelmannologie gelungen. Zunächst überprüfte ich anhand dieser Methode nochmals die Passagen in Konzelmanns Mohammed-Buch, die ich bereits als von mir stammend eindeutig erkannt hatte, und stellte zu meiner größten Zufriedenheit fest, daß Konzelmann tatsächlich meine Umschrift für arabische Namen an den betreffenden Stellen in der Regel geradezu sklavisch übernommen hat (mit ganz wenigen Ausnahmen, wobei es sich um bereits länger eingedeutschte Namen handelt wie zum Beispiel »Koraisch« für den Stamm des Propheten anstatt Quraisch, wie es bei mir zu lesen ist). Vielleicht das schönste Beispiel dafür ist wohl der folgende kurze Text, zu dessen Verständnis ich für den nicht islamkundigen Leser jedoch etwas vorausschicken muß.

Im Gegensatz zu Konzelmann gaben schon die frühen muslimischen Geschichtsschreiber fast immer ihre Quellen an. Dies geschah in Form einer sogenannten Überliefererkette (isnad), zum Beispiel: »Es überlieferte mir A von B, daß C gesagt hat, er habe D berichten hören, daß der Prophet geäußert habe…« Die orientalistische Forschung hat inzwischen längst dargelegt, daß diese Art der Überlieferung von einem recht frühen Zeitpunkt an nicht ausschließlich mündlich mißverstanden werden darf, sondern üblicherweise eine Vorlesungstradition meint, für deren schriftlich fixierte Quellen der Autor von seinem Lehrer und dieser wieder von seinem Lehrer die weitere Überlieferungserlaubnis erhalten hat. Ibn Ishaq hat dies auch stets so praktiziert. In meiner Übersetzung wollte ich zwar dem breiteren Publikum diese ungeheuere Namensfülle nicht zumuten, wollte aber auch nicht völlig auf diesen Wesenszug der arabischen Geschichtsschreibung verzichten, weshalb ich diese Überliefererketten stark verkürzt und durch einen kleineren Druck kenntlich gemacht hatte. Nur an einer Stelle habe ich eine solche Überliefererkette, weil sie mir für den deutschen Leser besonders aufschlußreich erschien, ausführlicher wiedergegeben (S. 84):

»Zuhri hat für mich den folgenden Bericht zusammengestellt, wobei er sich auf die Aussagen von Alqama ibn Waqqas, Sa'id ibn Dschubair, Urwa ibn Zubair und Ubaidallah ibn Abdallah stützte; alle haben ihm einzelne Teile davon erzählt, und der eine hatte mehr davon behalten als der andere. Auch Jahja ibn Abbad und Abdallah ibn abi Bakr, ersterer nach Aussagen seines Vaters, letzterer von Amra, der Tochter des Abdarrahman, schilderten mir A'ischas eigene Darstellung über die Angelegenheit mit der Verleumdung. Alles, was in ihren Bericht Eingang gefunden hat, stammt von diesen Männern, wobei sie sich gegenseitig ergänzen. Jeder von ihnen ist vertrauenswürdig und erzählte, was er von A'ischa selbst gehört hat.«

Nun, auch unser Experte Konzelmann fand derart Exotisches interessant, zumal damit der Bericht über einen angeblichen Fehltritt A'ischas, der jugendlichen Lieblingsfrau des Propheten, eingeleitet wird, und er übernahm meinen Text in folgender Form:

»Zuhri hat für mich den folgenden Bericht zusammengestellt. Er stützte sich dabei auf die Aussagen von Alqma (sic! Nicht einmal richtig abschreiben kann er! G.R.) Ibn Waqqas, Zaid Ibn Dschubair, Urwa Ibn Zubair und Ubaidallah Ibn Abdallah. Sie alle haben ihm einzelne Teile des Berichts erzählt. Das Erinnerungsvermögen der Erzähler war unterschiedlich. Auch Jahja Ibn Abbad und Abdallah Ibn Abi Bakr – der erste von beiden nach Aussagen seines Vaters, der zweite nach Aussagen von Amra, der Tochter des Abdelrahman (! G.R.) – schilderten mir Aischas eigene Darstellung der Angelegenheit. Alles, was in diesen Bericht Eingang gefunden hat, stammt von diesen Männern, wobei sie sich gegenseitig ergänzen. Jeder einzelne von ihnen ist vertrauenswürdig und erzählte, was er von Aischa selbst gehört hatte.«

Dieser Text, dies war mir sogleich klar, konnte aufgrund der Fülle von Namen, sprich Leitfossile, auch gleich eine andere mögliche Schutzbehauptung Konzelmanns entkräften, daß er nämlich nicht meine, sondern die alte und völlig überholte Übersetzung von Gustav Weil (*Das Leben Mohammed's nach Mohammed Ibn Ishak*, Stuttgart 1864) abgeschrieben habe – wenn er denn zugeben sollte, daß er abgeschrieben hatte. Meiner Sache sicher, griff ich mir im Institut die alte Weil-Übersetzung und las an der entsprechenden Stelle:

»Zuhri hat mir von Alkama I. Wakkass, Said I. Djubeir, Urwa I. Zubeir und von Obeid Allah I. Abd Allah I. Otba berichtet, einer hatte es vom Andern gehört, und ihm einen Theil davon überliefert, das er nun als Ganzes erzählt. I.I.s. Iahja I. Abbad hat mir von seinem Vater berichtet, der es von Aischa gehört hat, und Abd Allah I. Abi Bekr von Amrah, der Tochter Abd Errahman's, der es auch Aischa von sich selbst erzählt hat, als die Lügner die bekannten Worte über sie sagten; sämtliche Traditionen kommen in diesem Bericht vor, indem der eine diess, der Andere Jenes erzählt, ein Jeder aber verdient Vertrauen, denn er berichtet was er gehört hat.«

Um unserem Experten diesen möglichen Fluchtweg – nämlich eventuell zu behaupten, woanders abgeschrieben zu haben – ein für allemal abzuschneiden, griff ich mir auch gleich die englische Übersetzung des Ibn-Ishaq-Textes von A. Guillaume aus dem Jahre 1955. Dort lautet der entsprechende Passus (S. 494):

»Al-Zuhri told us from Alqama b. Waqqas, and from Sa id b. Jubayr and from Urwa b. al-Zubayr, and from Ubaydullah b. Abdullah b. Utba, each contributing a part of the story, one remembering more of it than another, and I (Zuhri) have put together for you what the people told me. Yahya b. Abbad b. Abdullah b. al-Zubayr told me from his father from Aisha; and Abdullah b. Abu Bakr from Amra d. Abdu l-Rahman from Aisha from her own words when the liars said what they did. The whole of her story rests on these men as a whole. One relates what another does not. All of them are trustworthy witnesses, and all of them related what they heard from her.«

Da die Gegenüberstellung dieser Texte keines weiteren Kommentares mehr bedurfte, machte ich mich an jene Teile von Konzelmanns Mohammed-Buch, die er – ärgerlicherweise – wirklich nicht von mir abgeschrieben hatte, und versuchte, sie ebenfalls ihren wahren Autoren zuzuordnen.

Zunächst fiel mir auf, daß Konzelmann erst nach der Hidschra, das heißt nach der Auswanderung des Propheten von Mekka nach Medina im Jahre 622, eindeutig fremdging, das heißt er benutzte mich von seinem 15. Kapitel an zwar immer noch eifrig, hielt sich daneben aber zumindest eine weitere wichtige Quelle, ohne diese natürlich, dies sei nochmals betont, jemals zu nennen! Dieser zeitliche Einschnitt – die Hidschra – bot auch schon den entscheidenden Hinweis, setzte doch die nach Ibn Ishaq zweitwichtigste alte arabische Quelle für das Leben des Propheten, nämlich das Buch des im Jahre 823 gestorbenen Geschichtsschreibers al-Waqidi über die Feldzüge Mohammeds, ebenfalls erst zu diesem Zeitpunkt ein. Um daraus abzuschreiben, mußte Konzelmann ebenfalls nicht die Kanzleien der Kalifen bemühen, sondern konnte eine alte deutsche Übersetzung des genannten Werkes ausbeuten: Julius Wellhausen, *Muhammad in Medina*, Berlin 1882. Und in der Tat, mein Gang in die Institutsbibliothek lohnte sich wieder. Seitenweise, in einigen Kapiteln bis zu 30 Prozent, hatte sich Konzelmann nun auch bei Wellhausen bedient. Auch hier waren mir arabische Namen wieder gute Leitfossile, zumal Wellhausen ein völlig ungewöhnliches Umschriftsystem benutzte; so hat Konzelmann von ihm zum Beispiel die Schreibung des Mädchennamens Cafijja übernommen, ein Name, der bei mir als Safiya, bei anderen auch als Safija oder Safijjeh erscheint. (Im übrigen scheine ich selbst Konzelmann auf diese außerhalb der Fachwissenschaft wenig bekannte Übersetzung Wellhausens aufmerksam gemacht zu haben, da ich sie in den Literaturhinweisen am Ende meines Buches ausdrücklich hervorgehoben habe.)

In seinem 44. und zu Beginn des 45. Kapitel beschreibt Konzelmann unter massiven Rückgriffen auf meine Übersetzung die Erkrankung und den Tod des Propheten. Da inhaltlich sowohl meine Ibn-Ishaq-Übersetzung wie auch die Waqidi-Übersetzung von Wellhausen damit zu Ende gehen, mußte sich Konzelmann, da er zeitlich noch etwas darüber hinaus gehen wollte, nach einem neuen Acker umsehen, von dem er die Früchte stehlen konnte. Wenige Zeilen nach dem letzten Plagiat aus meinem Buch ist der Name »Saad Ibn Ibade«, neun Seiten später der bereits genannte »Amru Ibn Aass« zu lesen. Diese völlig antiquierte Art der Umschrift arabischer Namen wies mich nun noch weiter ins 19. Jahrhundert zurück. Könnte gut von Gustav Weil sein, dachte ich mir, allerdings nicht aus dessen Ibn-Ishaq-Übersetzung, sondern aus seiner noch älteren, wissenschaftlich völlig überholten *Geschichte der Chalifen* (Mannheim 1846!). Ich holte mir aus der Institutsbibliothek den ersten Band dieses dreibändigen Werkes, und siehe da, schon hatte ich unseren Abschreibexperten wieder erwischt. Seitenweise folgten nun Plagiate beziehungsweise Umformulierungen aus dem Werk des guten alten Gustav Weil, der für seine damalige Zeit zwar Erstaunliches geleistet hat, aber naturgemäß nicht gerade auf dem Stand der heutigen Forschung war.

Nun fühlte ich mich hinreichend gerüstet, den Plagiatsgehalt des Mohammed-Buches von Konzelmann in einer detaillierten, wasserdichten Analyse schriftlich auszubreiten. Das Ergebnis konnte sich sehen lassen. War doch mehr als die Hälfte des Buches eindeutig als Plagiat oder Paraphrase aus drei Werken festzumachen, nämlich dem von Gustav Weil, von Julius Wellhausen und am massivsten von mir. Der Rest bestand einerseits aus Koranzitaten – welche Übersetzung sei dahingestellt –, Konzelmanns eigenen Zutaten und skurriler Interpretation; doch zu diesem erheiternden Aspekt wollen wir ja erst später kommen.

Konzelmanns Werbetext, wonach ihm »die Schätze der Museen und Archive der arabischen Hauptstädte« offenstanden und er »unveröffentlichte Dokumente auswerten« konnte, hatte sich als Ausdruck ignoranter Arroganz entpuppt. Längst hatten die Araber die Fußangeln ihrer wunderschönen, aber für uns recht schwierigen Sprache ausgelegt, und Konzelmann war in sie hineingetappt. Ich mußte diese Fußangeln jetzt nur noch zuziehen, um Arabiens Rache am hochstapelnden »intimsten Kenner Arabiens« zu vollstrecken.

Herr Konzelmann auf der Flucht vor al-Muhami

Das deutsche Urheberrecht und die Folgen

Was ich bisher in aller Kürze geschildert habe, war natürlich ein längerer Erkenntnisvorgang, zumal mein Schreibtisch wahrlich mit ernsthafterer Arbeit zugedeckt war und ich die Konzelmannologie als mein neues Steckenpferd nur hin und wieder nach Feierabend genießen konnte – zusammen mit einem Glas Wein, wobei ich wieder meine alte Vorliebe für die guten Württemberger Tropfen entdeckte. Nein, die Schwaben haben nicht nur Plagiate beziehungsweise Plagiatoren hervorgebracht!

Als ich allmählich das Ausmaß der Konzelmannschen Plagiatskollektion begriff und seine Arbeitsweise auch in seinen anderen Werken erahnte, schlug ich den alten im Institut vorhandenen Brockhaus von 1956 auf und las dort unter dem Stichwort »Plagiat« lediglich zwei Sätze: »Plagiat (frz.) *das*, lat. Plagium, die urheberrechtlich unzulässige Ausschlachtung eines liter., musikal. oder bildnerischen Kunstwerks unter dem Anschein eigener Urheberschaft. Gegen ein P. ist Klage auf Unterlassung und Schadenersatz möglich (s. Urheberrecht).«

So war denn meine nächste Handlung der Gang in die Buchhandlung und der Kauf des Buches *Meine Rechte als Urheber* von Gernot Schulze (1991), dem ich zunächst einmal entnahm, daß nicht nur die »Ausschlachtung« eines literarischen Kunstwerks, sondern im Grunde eines jeden schriftlichen Textes unter das Urheberrecht fällt. Ausgehend von Paragraph 63 des Urheberrechtsgesetzes, das ich bei dieser Gelegenheit gleich miterstand, schrieb Schulze auf Seite 83: »Außerdem muß überall dort, wo das Werk oder der Werkteil durch Zutat, Berichterstattung oder in sonstiger Form an die Öffentlichkeit gelangt, die Quelle deutlich angegeben werden, so daß genau feststellbar ist, was von wem stammt. Urheber, Titel, Seite, Erscheinungsort und Erscheinungsjahr, gegebenenfalls auch das Schöpfungsjahr und der Ausstellungsort sind klar und deutlich zu benennen.«

Dies genügte mir zunächst einmal, und ich erinnerte mich, daß das Schwabenland außer dem guten Wein zumindest auch einen hervorragenden Rechtsanwalt hervorgebracht hat: Dr. Heinrich Senfft. Er zählt allerdings zu den wenigen Schwaben, die ihr putziges Idiom derart radikal abgelegt haben, daß man ihn für einen Hamburger halten könnte. Auch sein feiner sarkastischer Humor ist eher von englischer als von schwäbischer Art, so wie sein Schreibstil eher einen witzigen Literaten als einen trockenen Juristen verrät. In seiner Umgebung geht das Gerücht, daß er, wenn er einen Gerichtstermin in Zürich wahrnehmen muß, es vorzieht, über München zu fahren, um die Berührung mit dem

Schwabenzentrum Stuttgart zu vermeiden. Dieser vaterlandslose Geselle schien mir nun der Rechte zu sein, um dem schwäbischen Abschreiberle das Handwerk zu legen. (Daß Heinrich Senfft einer der bekanntesten Urheberrechtler ist, war mir natürlich ein willkommener Nebenaspekt.)

Als ich diesem Menschen am Telefon meine Entdekkung kundtat, war seine erste Reaktion ein freudiges »Ach, ist das schön«, und erstmals meinte ich, in seinem Tonfall einen leichten schwäbelnden Klang zu entdekken, der seinen Ausspruch für Konzelmann – hätte er ihn denn vernommen – zu einer verletzenden Gemeinheit werden ließ. Anfang Juli 1991 war es dann endlich soweit, daß ich Senfft beziehungsweise, da dieser im Urlaub war, seinem ebenso agilen Sozius Joachim Kersten die Früchte meiner Arbeit schriftlich unterbreiten konnte. Überrascht stellte ich fest, daß Kersten dennoch nicht voll überzeugt war, und erst nach einem einstündigen Kolloquium über die Probleme des Übersetzens aus einer uns kulturell und zeitlich so fernen Sprache wie dem frühmittelalterlichen Arabisch hatte ich ihn soweit, daß er zum Diktaphon griff und getreu seiner Devise »kurz, knapp und verletzend« an Konzelmann (und im wesentlichen wortgleich an den Bastei-Lübbe Verlag) folgenden Brief diktierte:

»Sehr geehrter Herr Konzelmann,
Herr Professor Dr. Gernot Rotter hat uns die Ihnen anliegend beigefügte Prozeßvollmacht erteilt.

Im Bastei Verlag Gustav H. Lübbe erscheint nunmehr in der 4. Auflage Ihr Buch *Mohammed. Allahs Prophet und Feldherr*. Unser Mandant hat erst jetzt festgestellt, daß Sie in weiten Teilen dieses Buches widerrechtlich aus einem Werk unseres Mandanten schöpfen: *Ibn Ishaq. Das Leben des Propheten. Aus dem Arabischen übertragen und bearbeitet von Gernot Rotter*. Dieses Werk unseres Mandanten ist erstmals im Erdmann Verlag, Tübingen 1976, erschienen, und als Taschenbuch 1988 im Goldmann Verlag.

Wörtliche oder fast wörtliche Übernahmen der Übersetzung unseres Mandanten finden sich auf den Seiten... (Es folgen 111 Seitenzahlen! G.R.).

Darüber hinaus gibt es an vielen Stellen noch eindeutige Paraphrasen, die Sie aus den Übersetzungen unseres Mandanten angefertigt haben, ohne hierzu urheberrechtlich befugt zu sein. Unser Mandant hat durch Analyse der einzelnen Kapitel Ihres Buches festgestellt, daß Sie auch noch aus anderen Quellen geschöpft haben, ohne dies durch Zitate deutlich zu machen, was indessen nicht Gegenstand dieses Schreibens zu sein hat. Zwar bemühen Sie sich zuweilen um oberflächliche stilistische Umformulierungen. Doch bestehen bei einer synoptischen Gegenüberstellung der von Ihnen übernommenen Stellen im Vergleich zu der Original-Übersetzung unseres Mandanten an Ihrer widerrechtlichen Übernahme und ungenehmigten Bearbeitung nicht die geringsten Zweifel.

An keiner Stelle Ihres Buches haben Sie kenntlich gemacht, daß Sie fremde Quellen benutzt haben. Sie erwecken vielmehr den Eindruck, als seien diese Übersetzungen von Ihnen gefertigt. Da unser Mandant Ihnen zu keinem Zeitpunkt urheberrechtliche Nutzungsrechte oder Bearbeitungsrechte an seinen Übersetzungen eingeräumt hat, haben wir Sie im Namen und in Vollmacht unseres Mandanten aufzufordern, es bei Vermeidung einer für jeden Fall der Zuwiderhandlung von unserem Mandanten nach billigem Ermessen zu bestimmenden, gegebenenfalls vom zuständigen Gericht zu überprüfenden Vertragsstrafe zu unterlassen, Ihr Werk *Mohammed. Allahs Prophet und Feldherr* zu vervielfältigen, zu verbreiten und/oder vervielfältigen und verbreiten zu lassen, wenn und solange darin Texte unseres Mandanten aus seiner Übertragung des Werkes *Ibn Ishaq. Das Leben des Propheten* enthalten sind. Darüber hinaus haben wir Sie aufzufordern, unserem Mandanten darüber Auskunft zu erteilen, wieviele Exemplare Ihres Werkes... in welchen Auflagen und Ausgaben zu welchen jeweiligen Preisen bisher vervielfältigt und verbreitet wurden. Schließlich haben wir Sie aufzufordern, dem Grunde nach anzuerkennen, daß Sie unserem Mandanten den Ersatz des Schadens schulden, der ihm durch die widerrechtliche Übernahme seiner Texte in Ihrem Werk... bisher entstanden ist und noch entstehen wird. Sollten diese Erklärungen nicht bis spätestens 15. August 1991 bei uns eingegangen sein, müssen wir unserem Mandanten die Inanspruchnahme gerichtlicher Hilfe empfehlen.

Mit vorzüglicher Hochachtung
gez. Kersten«

Der Brief gefiel mir sehr, auch wenn ich ihn erst nach mehrmaligem Lesen vollständig verstand und in seiner Tragweite begriff: Konzelmanns Buch, so wollte es Kersten, sollte also eingestampft werden; für den Lübbe Verlag vermutlich eine kostspielige Angelegenheit. Meine sozialen Gewissensbisse gegenüber dem Verlag – ich wollte ja nicht diesen, sondern Konzelmann aus dem Verkehr ziehen – wurden indessen rasch zerstreut. Die erste Reaktion auf das Schreiben war nämlich ein Anruf des Cheflektors des Lübbe Verlages, Herrn Molden, der unerwartet verständnisvoll reagierte und mir in breitem

Wienerisch die erfreuliche Mitteilung machte: »Wann mir Eana wos zohln missa, donn hola mir uns des halt von dem Konzelmann zruck, denn der hot jo in seim Vertrog unterschriem, doß er Rechte Dritter nicht verletzt.«

Konzelmann, so Molden, hatte er nicht erreichen können. Ich gab mich der amüsanten Vorstellung hin, daß Konzelmann mit den Millionen, die er aus seinen zum großen Teil geklauten Büchern gemacht hatte, sich inzwischen abgesetzt haben könnte, sich als »intimster Kenner Arabiens« vielleicht gerade beschneiden ließ, um in Arabiens Wüsten als Märchenerzähler sein Talent voll ausleben zu können – doch nein, die schöne Vision zerstob, denn die arabischen Beduinen verstehen sowenig Schwäbisch, wie Konzelmann des Arabischen mächtig ist.

Doch Konzelmann war noch einfallsloser, als ich bisher aus der Lektüre seiner »Werke« geschlossen hatte. Kaum hatte ich das Telefonat mit dem Lübbe Verlag beendet, meldete sich der Thienemann Verlag, bei dem damals noch die Hauptrechte unter anderem auch meiner Ibn-Ishaq-Übersetzung lagen (Thienemann hatte sie von Erdmann übernommen), bei dem aber inzwischen Konzelmann zwei historische Romane veröffentlicht hatte. Der Cheflektor erzählte mir zu meinem nicht geringen Erstaunen, Konzelmann gestehe ja durchaus ein, daß er aus meiner Übersetzung abgeschrieben habe, doch habe er dies mit ausdrücklicher Genehmigung des Verlegers Erdmann getan, bei dem meine Übersetzung erstmals erschienen war. Nun habe

Konzelmann ihn, den Cheflektor, gebeten, die diesbezügliche Abmachung in den Akten zu suchen, doch könne er nichts dergleichen finden. Der Lektor tat mir leid, weil er, wie sich noch herausstellen wird, gar nichts finden konnte.

Höhepunkt dieser seltsamen Telefoniererei war zweifelsohne die Ehre, die mir der Experte mit seinem persönlichen Anruf angedeihen ließ. Nein, er leugnete nicht, von mir abgeschrieben zu haben, versuchte jedoch, den Umfang der Plagiate herunterzuspielen, war eher ungläubig verdutzt, als ich ihm noch weitere Autoren nannte, von denen er abgeschrieben hatte, verwies – in meinem Falle – auf die angeblich ausdrückliche Abschreiberlaubnis meines ehemaligen Verlegers Erdmann, bot an, mich in seinen künftigen Werken zu erwähnen (was ich als Rufschädigung fürchtete) usw. Offensichtlich hatte er den Ernst der Lage, seiner Lage, noch nicht recht begriffen. Ich blieb recht wortkarg und verwies ihn an meinen Anwalt Heinrich Senfft.

Wenig später erhielt mein Anwalt Konzelmanns geradezu rührende Ausflüchte auch schriftlich, nämlich von seinem damaligen Anwalt Dr. Hecker. Dieser schrieb am 20. August 1991:

»Es ist zutreffend, daß sich Herr Konzelmann in seinem Werk *Mohammed* auf das kurz nach dem Tode Mohammeds geschriebene Buch von Ibn Ishaq (na ja, so kurz waren 120 bis 150 Jahre auch wieder nicht; G.R.) bezogen und in diesem Zusammenhang auch die Übersetzung Ihres Mandanten in Anspruch genommen hat. Die Übernahme der von Ihnen beanstandeten Zitate ist jedoch aufgrund einer Absprache mit

Herrn Erdmann, dem damaligen Geschäftsführer des Erdmann Verlages in Stuttgart, erfolgt. Herr Konzelmann bittet zu berücksichtigen, daß die seinerzeit mit Herrn Erdmann getroffene Vereinbarung mittlerweile zwölf Jahre zurückliegt und daher die konkreten Inhalte der nicht schriftlich getroffenen Absprache heute nicht mehr bis ins Detail rekonstruiert werden können. Es war seinerzeit jedoch wohl so, daß Herr Erdmann keine Probleme darin sah, daß Herr Konzelmann zum Beleg seiner Ausführungen auf Textstellen aus dem Werke Ihres Mandanten zurückgriff. Jedenfalls lag seinerzeit eine entsprechende Genehmigung des Erdmann Verlages für das Vorhaben von Herrn Konzelmann vor, denn es ist selbstverständlich, daß Herr Konzelmann ohne eine entsprechende Einverständniserklärung keinesfalls in dem durchgeführten Umfang auf Zitate aus der Übersetzung Ihres Mandanten zurückgegriffen hätte.«

Ferner wurde mir in diesem Schreiben eine einmalige Entschädigungssumme von 3.000 Mark »zzgl. MWSt.« sowie eine künftige Beteiligung an Konzelmanns Honorareinnahmen aus seinem Mohammed-Buch in Höhe von fünf Prozent angeboten. »Darüber hinaus«, so die großzügige Offerte »sind Herr Konzelmann und meine Mandantin (das heißt der Lübbe Verlag; G.R.) selbstverständlich bereit, in der nächsten Auflage des Werkes *Mohammed* einen Zitathinweis auf das Werk Ihres Mandanten anzubringen. Ein solcher Zitathinweis könnte etwa wie folgt formuliert werden: Die Übersetzung des Textes von Ibn Ishaq wurde dem Werk *Das Leben des Propheten* von Gernot Rotter mit dessen freundlicher Genehmigung entnommen. Sollte Ihr Mandant einen anderen Zitathinweis wünschen, bitten wir um einen entsprechenden Hinweis.«

Ich kann nicht leugnen: ein derartiges Maß an Dreistigkeit nötigte mir Respekt ab. Andererseits dämmerte mir, mit welcher Unverfrorenheit sich Konzelmann gegenüber den Verantwortlichen im öffentlich-rechtlichen Fernsehen, sprich ARD und ZDF, als »der intimste Kenner Arabiens« angebiedert haben mochte. Ich stand jedoch nicht allein, denn auch Heinrich Senfft reagierte auf diese Frechheit erbost, begann er doch sein Antwortschreiben mit dem Satz: »Sehr geehrter Herr Kollege Hecker, in der Sache des Professors Rotter gegen den Lübbe Verlag und Herrn Konzelmann ist es kaum möglich, Ihren Brief vom 20. August ohne starke Adjektive zu kommentieren.«

Entrüstung hin, Entrüstung her, es galt, dem Experten auch das letzte Schlupfloch zuzustopfen. Ich konnte mir zwar beim besten Willen nicht vorstellen, daß mein ehemaliger Verleger Erdmann ihm jemals einen Freibrief zum Abschreiben ausgestellt haben sollte, doch lag mir viel an einer schriftlichen Erklärung, und diese erhielt ich auch postwendend. Herr Erdmann schrieb mir:

»Lieber Herr Dr. Rotter,
auf Ihre Rückfrage vom 22. 8. 1991 möchte ich zunächst festhalten, daß ich mich nicht erinnern kann, jemals mit Herrn Dr. (! soweit hatte sich der Nimbus des Experten schon verbreitet; G. R.) Konzelmann persönlich zusammengetroffen zu sein mit Ausnahme der Deutsch-Arabischen Kulturwoche (1974, zwei Jahre vor Erscheinen meiner Übersetzung! G.R.), an der er an

einer Podiumsdiskussion teilnahm. Herr Konzelmann war auch nicht Autor des Erdmann Verlages, so daß auch kein Grund bestand, ihm durch Überlassung von Nebenrechten in irgendeiner Weise entgegenzukommen. Es war bei uns auch niemals üblich, Nebenrechte mündlich, also ohne schriftlichen Vertrag, zu vergeben, noch dazu, ohne den eigenen Autor zu benachrichtigen. Warum sollte ein Verlag, der nicht zuletzt auch auf die Einnahmen aus der Vergabe von Nebenrechten angewiesen ist, solche an einen Dritten – noch dazu unentgeltlich – vergeben? Das mindeste wäre in einem solchen Fall wohl eine *Quellenangabe* gewesen!

Es war uns noch nicht einmal möglich, mit Herrn Konzelmann Kontakt aufzunehmen, als wir circa 1980 in einem Fernsehfilm von Herrn Konzelmann feststellen mußten, daß dort *ohne Quellenangabe* seitenweise Texte aus unserem Band *Das Leben des Propheten* (das ist meine Ibn-Ishaq-Übersetzung; G.R.) gesprochen wurden...«

Ei der Daus! Damit war nicht nur Konzelmanns letzter Fluchtweg versperrt, sondern auch weiteres Diebesgut des schamlosen Ali Baba ans Tageslicht gebracht. In einem Film, der – wie sich bald herausstellte – im Dezember 1980, als ich bereits im Libanon berufstätig war, ausgestrahlt wurde, hatte er mich also auch intensiv ausgeweidet. Ich beschloß, mir diesen Streifen zu beschaffen.

Bis es soweit war und bis die zuweilen erheiternden Korrespondenzen der Anwälte irgendeinen Erfolg zeitigten, vergingen jedoch Wochen. Nein, nicht daß Herr Konzelmann vor mir Angst gehabt hätte, nein, er floh vor Heinrich Senfft, den ich inzwischen, um Konzelmanns gutverkäuflichen Hang zum Exotischen nachzuahmen, »al-Muhami« getauft hatte, was im Arabischen schlicht »der Rechtsanwalt« bedeutet.

Mit Moses am Jordan, mit Pakradouni im Libanon

Konzelmanns sonstige Raubzüge

Nun hätte ich den Ausgang des Streites der Anwälte abwarten und Konzelmann einen schlechten Mann sein lassen können, doch war die Neugier des Wissenschaftlers entfacht, und die Konzelmannologie wurde mir zu einem lieben Freizeithobby, ja, zuweilen fürchtete ich gar, ich könnte einer Obsession anheimgefallen sein. Fortan übten jedenfalls Konzelmannsche Werke eine ungeheuere Anziehungskraft auf mich aus.

Nun hatte, wie schon gesagt, unser Experte in den vergangenen zwei Jahrzehnten seine wachsende Bewundererschar mit mindestens 24 Büchern beglückt, grob überschlagen wenigstens 10.000 Seiten mit Druckerschwärze gefüllt. Dies alles einer systematischen Analyse zu unterziehen und sämtliche Quellen zu recherchieren, aus denen Konzelmann »sein Wissen« gemopst hatte, überstieg nun doch meine außerdienstlichen Arbeitskapazitäten. Ich beschloß, mich zu spezialisieren und nur jene Bücher beziehungsweise jene Teile von Büchern Konzelmanns zu überprüfen, die von Mohammed und den Kalifen handelten, und das waren, wie sich bald herausstellte, auch schon eine ganze Menge.

Um beim Leser, der von seiner Bewunderung für Konzelmann immer noch nicht lassen möchte, nicht die Hoffnung keimen zu lassen, ›aha, dann hat Konzelmann vielleicht nur zu diesem Thema abgeschrieben und die anderen von ihm behandelten Themenbereiche wie die Geschichte des Orients vor dem Aufkommen des Islams oder die moderne arabische Politik sind von ihm authentisch recherchiert‹, will ich zunächst einmal aus einigen Besprechungen zitieren, die in verschiedenen Zeitungen der letzten Jahre erschienen sind und zwei Bücher Konzelmanns zum Thema hatten, die nicht auf meinem Lektüreplan standen: *Der Jordan* und *Der unheilige Krieg*, beide erschienen im Verlag Hoffmann und Campe in Hamburg, ersteres 1990, letzteres bereits 1985.

Zunächst zu dem Buch *Der Jordan*. Peter Philipp, langjähriger Nahost-Korrespondent, schrieb am 2. August 1990 für seine Zeitung, die *Frankfurter Rundschau*, unter anderem folgendes:

»Die fünf Bücher Mose gäben den Juden die Gewißheit, das Land gehöre ihnen, meint der Klappentext zum kühnen Versuch des Autors, einen Bogen zu schlagen vom Einmarsch der ›Jüdischen Sippen‹ ins ›Land der Philister‹ bis hin zur Intifada und dem heutigen Nahostkonflikt. Die fünf Bücher Mose sind aber auch Hauptvorlage dieses jüngsten der Bücher Konzelmanns. Und das ist auch schon seine erste Schwäche: Seite um Seite wird die Bibel neu erzählt und dann ›zur Sicherheit‹ auch noch im Wortlaut zitiert. 504 Seiten wollen gefüllt werden. Aber Mose kann sich ja nicht mehr wehren, und das Copyright Luthers ist ebenso ausgelaufen wie das von

Josephus Flavius, der für die nachbiblische Zeit herhalten muß.«

Gewiß, dachte ich mir, die Urheberrechte des Josephus Flavius waren ebenso abgelaufen wie die des Ibn Ishaq, doch waren es auch die des Übersetzers? Das lateinische Original zu lesen, traute ich Konzelmann beim besten Willen nicht zu.

Doch zurück zu Peter Philipps Besprechung des Konzelmannschen *Jordan*. Er beklagt sodann die »offensichtlich falschen Ortsbeschreibungen, die eher beweisen, daß er die Gegend nicht richtig kennt«, die verwirrenden Schreibweisen der Ortsnamen, rügt, »wer über den Jordan schreibt, sollte vielleicht ein wenig Hebräisch können« und kommt zu der abschließenden Bewertung:

»Daß *Der Jordan* trotz allem leicht zu lesen ist und sicher von den Konzelmann-Fans verschlungen wird wie dessen andere Werke vor ihm, macht es vielleicht nur noch schlimmer: politisch wird es dem Verlags-Lob (›ein objektives Buch‹) nicht gerecht, populärwissenschaftlich ist ›Die Bibel hat doch recht‹ informativer, als Reisebegleiter ein guter Reiseführer besser. Und als Lektüre biblischer Geschichten könnte man ja gleich auf Mose zurückgreifen. Zumal der sich mit fünf Büchern begnügt hat.«

Vielleicht noch heftiger geht Walter Saller im *Deutschen Allgemeinen Sonntagsblatt* vom 16.3.1990 mit Konzelmanns Jordan-Buch ins Gericht, wobei er vor allem Konzelmanns Technik, sich immer wieder selbst abzuschreiben (»Konzelmann - paraphrasiert - Konzelmann - Geschichten - Tour«) aufs Korn nimmt:

»Mit der Vergangenheit setzt sich der Bestseller-Autor Konzelmann allerdings auch ausgiebig auseinander, freilich beinahe mehr mit der eigenen als Sachbuchautor denn mit der des Jordantales. Und so wird die Lektüre des *Jordan* dem beschlagenen Konzelmannleser so manches Déjà-vu-Erlebnis bescheren, und er wird feststellen, daß sich nicht nur die Geschichte wiederholt, sondern auch Konzelmanns Geschichten. Denn augenfällig haben Textverarbeitung und -verwertung auch bei dem vielgerühmten Nahostexperten Einzug gehalten. Hat doch der Autor seinem neuen Sachbuch nur einen mageren aktuell-politischen Umhang verpaßt, der den opulenten Mittelteil, welcher vieles enthält, was man in anderen seiner Bücher in sehr ähnlicher Form schon gelesen hat, verhüllen soll. Wirklich neu sind nur knapp 40 Seiten zu Beginn des Buches und schlappe 16 Seiten an dessen Ende... Wie schon erwähnt, hat Konzelmann umfängliche Teile seiner Erzählungen etwas verändert, mit neuen Kapitelüberschriften versehen und in andere Zusammenhänge gestellt – einigen seiner älteren Bestseller wie *Aufbruch der Hebräer*, *Jerusalem* und *Allahs neues Weltreich* entnommen.«

Ein Kommentar dieser Zeilen erübrigt sich. Nun zur modernen arabischen Politik, genauer zu einer Besprechung eines entsprechenden Werkes Konzelmanns, die bereits am 8. November 1985 in der Wochenzeitung DIE ZEIT erschienen ist. Einer meiner Studenten glaubte sich vage zu erinnern, daß schon damals Plagiatsvorwürfe gegen Konzelmann erhoben wurden. Ich rief also in der Redaktion an und hatte am nächsten Tag den Artikel auf dem Tisch. Und in der Tat, was dort zu lesen war, dämpfte zwar meinen Entdeckerstolz, bestätigte aber drastisch meine eigenen Feststellungen und Vermutungen.

Der Artikel stammt aus der Feder von Ulrich Kienzle, der Konzelmann als Nahostkorrespondent in Beirut 1974 abgelöst hat. Kienzle bespricht darin Konzelmanns 1985 bei Hoffmann und Campe erschienenes Werk *Der unheilige Krieg. Krisenherde im Nahen Osten*. Auszüge:

»Langweilig wird die Lektüre indessen nie. Konzelmann versteht es, den Leser immer wieder zu fesseln, wobei der Umgang mit der Realität gelegentlich allerdings fast frivole Züge bekommt... Auch mit der Einordnung historischer arabischer Namen hat der Nahostexperte Konzelmann mitunter Schwierigkeiten... Solche Ungenauigkeiten, der etwas lockere Umgang mit der Wirklichkeit, machen das Buch zumindest für den Kenner der Region zum Ärgernis...

Konzelmann geht es vor allem um eine spannende Geschichte, und um Spannung zu erzeugen, verwischt er schon mal mit leichter Hand die Grenzen zwischen Fakten und Fiktion. Er will dem Leser das Gefühl vermitteln, überall hautnah mit dabeizusein. Er erzählt Details aus arabischen Gipfelkonferenzen, beschreibt die Stimmung, kennt aber auch die kleinen Krankheiten des libanesischen Präsidenten Sarkis. Und da er keine Quelle nennt, muß man glauben, daß er Mäuschen gespielt hat und Beichtvater prominenter arabischer Politiker gewesen ist, so direkt sind seine Schilderungen. Mitunter – so der Eindruck – müßte Konzelmann eine ganze Reihe von Telephonabhörtrupps beschäftigt haben – wüßte er's nicht aus ganz geheimen Quellen, denn wichtige Schlüsselgespräche, Telephondialoge arabischer Spitzenpolitiker sind seine ganz besondere Spezialität.

Umso überraschter ist der Leser, wenn er Konzelmanns Geheimnis auf die Spur kommt und eines der Originale zu Gesicht bekommt, aus denen er exzerpiert hat. Einem hat er besonders viel zu verdanken: Karim Pakradouni, dem Berater des ehemaligen Präsidenten Sarkis. Die Seiten 191 bis 250 in Konzelmanns Buch haben streckenweise verblüffende Ähnlichkeiten mit den Schilderungen Pakradounis aus dessen Buch *La paix manquée*. Da, wo ihm ein Originalton Pakradounis nicht richtig gefällt, ›dichtet‹ er eben ein bißchen dazu, und schon klingt's besser... Ohne allzu große Skrupel übernimmt er die persönliche Darstellung des Präsidentenberaters und garniert sie mit kleinen Einschüben, wohlgemerkt: ohne die Quelle zu nennen...

Zugegeben, Konzelmann hat – siehe Telephontick – die zerrissene Leitung zum Fernmeldeamt intelligent nachempfunden, so was war allemal wahrscheinlich. Ansonsten aber gleichen sich die Schilderungen fast wortwörtlich. Wer von wem abgeschrieben hat, dürfte aber keine Frage sein: Pakradounis Buch ist zuerst erschienen.

Auch das Geheimnis der meisten Telephondialoge arabischer Staatsmänner ist schnell gelüftet. Auch sie stammen aus Pakradounis Buch – ein schon verblüffend levantinischer Umgang mit historischen Quellen. Mitunter sind die wenigen Stellen, wo Pakradouni tatsächlich zitiert wird, weniger wortgetreu übersetzt, als lange Passagen, die Konzelmann als eigene Beobachtung ausgibt. Eine recht eigenwillige Arbeitsmethode für einen Sachbuchautor, der im Schlußsatz seines Buches ausdrücklich betont, es handle sich um einen Bericht aus erster Hand.«

Soweit Ulrich Kienzle, der seit dieser Buchbesprechung von seinem Kollegen Konzelmann nicht sehr geschätzt wird...

Der Skandal ist zwiefältig. Zum einen ist es schon fast unglaublich, daß Konzelmann einen derart massiven Vorwurf damals schlicht übergangen, ihn wie unser Kanzler mit seinem dicken Hintern einfach ausgesessen und sich unverfroren in gleicher Manier an sein nächstes Opus gemacht hat. Unsereiner hätte sich nach einer solchen Kritik eher die Finger abgeschnitten als nochmals zur Feder zu greifen. Zum anderen wirft es ein bedrückendes Licht auf unsere Verlagskultur. Der Verlag Hoffmann und Campe hat nicht etwa nach Kienzles unwidersprochenen Ausführungen das Buch vom Markt genommen und seinen Autor zur Raison gerufen, sondern hat eifrig weiterverkauft und weitere Bücher des Plagiators produziert; und der nicht gerade in schlechtestem Ruf stehende dtv-Verlag hat die Plagiatesammlung im Frühjahr 1991 erneut in dritter Auflage herausgebracht. Sind wir inzwischen wirklich so weit, daß das häufige Erscheinen einer Visage mit dem dazugehörenden Namen im Fernsehen ausreicht, um Bestseller-Autoren zu küren, gleichgültig, was in den Büchern steht? War den Verlagen der Inhalt der Bücher schnurzegal, solange die Verkaufszahlen stimmten? Oder hatten sie sich im Falle Konzelmann von seinem gespielten – für einen gutmütigen Laien ja kaum zu kontrollierenden – Expertentum wirklich derart blenden lassen?

In den Kanzleien der Kalifen

Von der Technik des Konzelierens

Sechzig Seiten in Konzelmanns Opus *Der unheilige Krieg* stammten also laut Kienzle aus einem Buch Pakradounis. Woher stammte der Rest? Aber nein, ich wollte ja nicht Konzelmanns Umtriebe in den Sekretariaten der modernen arabischen Präsidenten nachvollziehen, sondern mich mit seinem Wirken in »den Kanzleien des Propheten und der Kalifen« bescheiden – obwohl es mich immer noch reizt, auch in jenen Texten des Experten, die vom modernen Orient handeln, einmal etwas tiefer zu graben. Vielleicht griffen, so hoffte ich, aber auch andere Autoren meine Anregung auf und schritten zur Selbstfindung in Konzelmannschen Werken.

Ich blieb also – zumindest vorerst – mit Konzelmann im Mittelalter beim Propheten und den Kalifen. Das Werk, für das »der intimste Kenner Arabiens« laut Klappentext der Erstausgabe ausdrücklich »bislang nicht bekannte Korrespondenzen aus den Kanzleien des Propheten und der Kalifen« ausgewertet haben will, trägt den Titel *Die großen Kalifen* und ist erstmals 1977 im Herbig Verlag in München erschienen. Ein dicker Schinken von gut 400 Seiten, der zahlreiche Auflagen erlebt hat, zuletzt – so das Verzeichnis lieferbarer Bücher – als Sachbuch bei Ullstein 1988 und bei Pawlak 1990; sogar noch Ende 1991, als Konzelmann bereits zum Plagiator des Jahres avanciert war, brachte auch noch der Heyne Verlag das Werk erneut als Sachbuch heraus, druckte sogar gleich eine Auflage von 15.000 und verkaufte davon, wie sich herausstellen sollte, innerhalb von nur zwei Monaten 10.000 Exemplare. Es handelt sich also um ein recht beachtetes und sich steigender Beliebtheit erfreuendes Frühwerk des Meisters. Auf der Rückseite wird sein Inhalt gepriesen: »Die Legenden aus *Tausendundeiner Nacht* werden übertroffen von der Wirklichkeit.«

Wollen wir uns diese Wirklichkeit doch einmal etwas näher ansehen. Zunächst registrierte ich anerkennend, daß das Buch einen Namensindex enthielt (aber natürlich wieder kein Literaturverzeichnis); anhand der verschiedenen Umschriftweisen der arabischen Namen konnte man sich dadurch leichter einen ersten Eindruck von der Plagiatslage verschaffen. So tauchen drei Personen im Index auf, die alle den Vornamen Ishaq tragen. Je nach abgeschriebener Quelle erscheint der Name bei Konzelmann in drei verschiedenen Formen, nämlich als Ischak, Ishak und Ishaq. Zufrieden stellte ich dann fest, daß bereits die erste Seite des Werkes zur Hälfte ein lupenreines Plagiat war und wieder aus meinem Mohammed-Buch stammte. Ein Dutzend weiterer Plagiate aus meinem Text folgten, bis Konzelmann schließlich den Propheten begraben hatte und sich seinem eigentlichen Thema, den Kalifen, zuwandte. Dem aufmerksamen Leser schwant gewiß schon Schlimmes: Ja, in der Tat, ab Seite 19 mit dem ersten Kalifen Abu Bakr setzt eine wahre Plagiatsorgie ein, deren Opfer die dreibändige *Geschichte der Chalifen* von Gustav Weil aus dem Jahre 1846 war, jenes Werk, das Konzelmann 1980 für die letzten Kapitel seines Mohammed-Buches ebenfalls intensiv ausschlachtete – oder richtiger: In seinem Mohammed-Buch hat er dann nicht wieder unmittelbar von Weil, sondern aus seinem eigenen Werk *Die Großen Kalifen* abgeschrieben, weshalb auch die Plagiate dieselben blieben.

Gustav Weil und sein Werk scheinen für Konzelmann aus mehreren Gründen in hohem Maße attraktiv gewesen zu sein. Zunächst war Weil wenn schon nicht Schwabe, so doch wenigstens Badener. Zum anderen sprach das hohe Alter des Werkes von Gustav Weil dafür, daß es kaum jemandem – auch kaum einem Orientalisten – inhaltlich noch bekannt war, das heißt die Möglichkeit, daß ein Leser die Plagiate wiedererkannte, war ausgesprochen gering. Zumindest finanzielle Folgen konnte der massive Textklau – sollte er denn doch eines Tages entdeckt werden – auch nicht mehr haben, da Gustav Weil 1889 verstorben ist und die Urheberrechte 70 Jahre nach dem Tode eines Autors erlöschen. Des weiteren bot Weil – meist in langen Anmerkungen – eine Fülle von Übersetzungen aus verschiedenen, allerdings recht jungen arabischen Quellen, die sich Konzelmann nun aneignete. Konzelmanns Eigenleistung bestand in erster Linie darin, den antiquierten Stil Weils in modernes, flüssiges Journalistendeutsch umzuformulieren und auszuschmücken. Daß Weils Schlußfolgerungen heute als wissenschaftlich völlig überholt gelten, scherte Konzelmann nicht im geringsten. Im Gegenteil. So hat Weil (S. 15) die Möglichkeit nicht ausgeschlossen, daß Abu Bakr, der erste Kalif, nach Mohammeds Tod Koranverse erfunden haben könnte, um seinen Machtanspruch zu begründen (was wissenschaftlich heute nicht mehr aufrechterhalten wird). Bei Konzelmann liest sich dies dann so: »Abu Bakr verwendet in seinem Appell Argumente, die ihm schon zuvor (! G.R.) in kritischen Situationen geholfen haben. Darüber hinaus erfindet er wieder (! G.R.) Koranverse, die seine Argumente stützen. Die Sätze, die Abu Bakr aus der Offenbarung Mohammeds zitiert zum Beweis, daß der Tod des Propheten in Allahs Weltordnung gehört, sind gefälscht.« Konzelmann weiß es eben.

Was würde wohl die katholische Kirche sagen, wenn jemand in einem Buch über die Päpste schriebe, Petrus habe das Jesus-Wort: »Du bist der Fels...« usw. auf infame Weise erdichtet und ins Neue Testament geschmuggelt. Dabei sind die angeblich – laut Konzelmann – von Abu Bakr erfundenen Verse außerordentlich realistisch, wie zum Beispiel: »Und Mohammed ist nur ein Gesandter. Vor ihm hat es schon Gesandte gegeben. Werdet ihr denn eine Kehrtwendung vollziehen, wenn er stirbt oder getötet wird?« (Sure 3, Vers 144) Im übrigen hat Konzelmann gar nicht gemerkt, daß diese Verse tatsächlich im Koran stehen, und geht offensichtlich davon aus, daß Abu Bakr sie nur nach Mohammeds Tod als solche ausgegeben hat.

Ein Kapitel Konzelmanns in der ersten Hälfte seines Kalifen-Buches stammt eindeutig nicht von Weil. Es besteht nur aus sechs Seiten (122-127), trägt den Titel *In der Wüste gelten nicht die Gesetze des Kalifen* und bietet eine blutrünstige, mit Sex angereicherte Geschichte, von der ich bis heute nicht weiß, wo Konzelmann sie her hat. Ein Frauenname »Ihmeda« taucht darin auf, der nicht arabisch oder so verballhornt ist, daß er nicht mehr als arabisch zu erkennen ist. Da in der Geschichte eifrig Kaffee getrunken wird, stammt sie – sofern sie nicht Konzelmanns eigener Phantasie entsprungen ist – aus einer Zeit, da es keine Kalifen mehr gab. Doch auf Konzelmanns Problem mit dem Kaffee werde ich später nochmals zurückkommen.

Auch fanden sich in einigen Kapiteln Passagen, meist im Zusammenhang mit abstrusen Sexgeschichtchen, die ich zunächst ebenfalls nicht zuordnen konnte, doch bald war auch dieses Problem gelöst. Ich hatte mich bis zur Mitte des Buches durchgekämpft, als mich Gustav Weil immer häufiger und in immer längeren Passagen als Parallel-Lektüre erneut im Stich ließ. Die Rede war vom Liebesleben des Kalifen Harun ar-Raschid. Offenbar hat sich Konzelmann nicht nur in den Kanzleien der Kalifen herumgetrieben, sondern auch in ihren Schlafzimmern gelauscht. Doch nein, die wahre Quelle – ich hatte es zunächst eher nur scherzhaft in einem Gespräch mit unserer Institutsbibliothekarin, Frau Dr. Hörner, als Vermutung geäußert – waren, wie Frau Hörner, die dies offenbar als Arbeitsauftrag verstand, alsbald feststellte, tatsächlich die Märchen aus *Tausendundeiner Nacht*.

Aber natürlich nicht das Original, sondern – die Umschrift der Namen zeigte es eindeutig – die deutsche Übersetzung von Enno Littmann aus den zwanziger Jahren. Littmanns Erben und der Suhrkamp Verlag, bei dem die Übersetzung erschienen war, sollten sich vielleicht einmal darum kümmern, dachte ich mir, und schlug das Buch angewidert endgültig zu. Woher der Experte die zweite Hälfte seines Werkes hatte, war unbedeutend geworden.

Nein, »die Legenden aus *Tausendundeiner Nacht* werden« nicht »übertroffen von der Wirklichkeit«! Konzelmanns Wirklichkeit in diesem »Sachbuch« *waren* – zumindest zu einem erheblichen Teil – die Märchen aus *Tausendundeiner Nacht*, ja schlimmer, die besagte Sexgeschichte (S. 242) aus *Tausendundeiner Nacht* veränderte er insofern, als er Koranverse dazu erfand, darunter einen so inhaltsschweren wie: »Wer zuerst kommt, der kommt zuerst«. Hier übertrifft Konzelmann sogar die »Wirklichkeit« aus *Tausendundeiner Nacht* und: Nicht Abu Bakr, der erste Kalif, hat, wie Konzelmann unterstellte, Koranverse erdichtet, sondern Konzelmann selbst.

Die Erkenntnis, daß Konzelmann, um dem deutschsprachigen Leser die Geschichte der arabischen Kalifen zu erläutern, außer von Gustav Weil weitgehend aus den Märchen aus *Tausendundeiner Nacht* abgeschrieben hatte, war für mich derart unglaublich, daß ich auch heute, Monate nach dieser Erkenntnis, immer noch nicht die Worte gefunden habe, die diesem Vorgang angemessen wären. Man stelle sich vor, ein arabischer

Auslandskorrespondent lebt ein paar Jahre in Bonn, ist daselbst unfähig, auch nur eine deutsche Zeile zu lesen, kehrt als gefeierter Deutschlandexperte nach Kairo zurück, nimmt sich dort Grimms Märchen, dazu vielleicht auch noch das Nibelungenlied (beides in arabischer Übersetzung) sowie eine »Geschichte des deutschen Mittelalters« von einem arabischen Gelehrten aus der ersten Hälfte des 19. Jahrhunderts, mischt alles kräftig durcheinander und verkauft den ganzen Unsinn als Sachbuch – mit allen männermordenden Krimhilds, vergifteten Äpfeln, verwunschenen Prinzessinnen, Lebkuchenhäuschen, Tarnkappen und geilen Zwergen, die sich mit frei erfundenen Bibelworten um die Gunst Schneewittchens streiten!

Als nächstes nahm ich mir Konzelmanns Werk *Allahs neues Weltreich. Der Kampf um die arabische Einheit* vor, das erstmals 1986 ebenfalls im Herbig Verlag in München erschienen ist, ein Verlag, der künftig noch mehrfach auffällig werden wird und in der Person seines Geschäftsführers, eines gewissen Dr. Herbert Fleissner, auch schon früher Spuren in der Rechtsgeschichte hinterlassen hat. Doch dazu später.

»Diese neue hochbrisante Studie«, wie es im Klappentext zu *Allahs neues Weltreich* hieß, hat inzwischen neun (!) Auflagen erlebt, zuletzt 1991 als Ullstein-Sachbuch. Es ist wieder ein dicker Wälzer von rund 500 Seiten, von denen zwei Fünftel (S. 24-201) erneut die Geschichte Mohammeds und der Kalifen behandeln (deshalb die Brisanz?), erzählt in schon gewohnter Konzelmannscher Manier, sich hangelnd von einem belanglosen Geschichtchen zum nächsten, mit allen historischen Ungereimtheiten, Verdrehungen und Übertreibungen, natürlich nicht ohne die schon penetranten, die Konzelmannsche totale Unkenntnis des Arabischen verratenden Umschriftfehler. (So wird zum Beispiel aus dem Namen der berühmtesten Sängerin der Arabischen Welt des 20. Jahrhunderts, der wirklich nur mit »Umm Kulthum« zu umschreiben ist, ein völlig unsinniges »Um Khulsum; dem Arabisten dreht sich der Magen um.)

G. Brunold hat in der – für ihre vorzügliche Nahost-Berichterstattung bekannten – *Neuen Zürcher Zeitung* vom 15. Juni 1986 dem Buch einen umfangreichen Totalverriß angedeihen lassen. Nach einer langen Aufzählung schwerer sachlicher Fehler schreibt er:

»Auf der anderen Seite weiss Konzelmann aus seiner langen Geschichte der ›Horden‹, ›Meuten‹ und ›Haufen‹ – ›mit lautem Geheul‹ – auch immer wieder viel zu viel. Er kennt und zitiert ohne nähere Angabe private Gespräche zwischen allen möglichen arabischen Staatsoberhäuptern, weiss auch, wann wer wessen Telefonanruf nicht entgegennahm. Er weiß auch, wer im 8. Jahrhundert im Verlauf welcher Rede heftig zitterte, er gibt Wortwechsel im Verlauf der ersten islamischen Schlachten im Hejas so frei wieder wie die Gedanken Arafats und Begins – zwischen Anführungs- und Schlußzeichen. Es ist zumeist nur das Suggestive in diesem lockeren Vortrag von ›Intimkenntnissen‹, was – wie der Umschlagtext verspricht – ›deutlich machen‹ soll, ›wie eng Gegenwart und Vergangenheit in Arabien verwoben sind‹. Konzelmann scheint eben alle seine

Protagonisten aus 14 Jahrhunderten persönlich zu kennen. Bedenklich an Büchern wie diesen ist ihr Erfolg...«

Doch wenden wir uns nun jenen zwei Fünfteln des Buches, die die Zeit des Propheten und der Kalifen abhandeln, etwas intensiver zu. Bei genauerem Hinsehen stellt man fest, daß diese Teile des Buches nichts anderes sind als die verkürzte, teilweise auch wörtliche Wiedergabe, also ein Verschnitt, von zwei seiner älteren Werke, nämlich einerseits dem gerade behandelten *Die großen Kalifen* und zum anderen seinem *Mohammed*, für den er sich so intensiv bei mir bedient hatte. Das bedeutet, daß Konzelmann, wie ja auch Peter Philipp schon festgestellt hatte, nicht nur von anderen, sondern besonders intensiv von sich selbst abschrieb. Letzteres ist zwar meines Erachtens eine Verhöhnung des Käufers, der nun in verschiedener Anordnung denselben Unsinn gleich mehrfach im Bücherschrank stehen hat, doch ist das Sich-selbst-Plagiieren zunächst nicht strafbar; im Falle der Konzelmannschen Arbeitsmethode hat dies jedoch eine unausbleibliche Folge: Die Plagiate, die sich zuhauf in den beiden genannten Büchern zeigten, erschienen naturgemäß auch wieder in seinem Buch *Allahs neues Weltreich*. Und dies bedeutete wiederum, daß ich mich – neben Gustav Weil – auch selbst wieder fand. So begann ich also erneut anzustreichen, zu zählen und zu rechnen und konnte Heinrich Senfft, al-Muhami, für seine juristischen Aktivitäten gegen Konzelmann und – diesmal – gegen den Herbig- sowie den Ullstein Verlag neue Munition liefern: Rund 50 teils längere, teils kürzere Passagen, verteilt auf 36 Seiten, waren mein geistiges Eigentum.

Der Leser wird sich schon zu Recht denken, daß Konzelmann auch in diesem Falle mein Buch »selbstverständlich« nirgends zitiert. An fünf Stellen nennt er immerhin Ibn Ishaq als Quelle, wobei der unbefangene Leser aber wieder den Eindruck gewinnen muß, Konzelmann habe die Texte selbst aus Ibn Ishaqs Prophetenvita übersetzt. Während Konzelmann sich aber in seinem Mohammed-Buch noch bewußt war, daß Ibn Ishaq erst etwa 120 Jahre nach dem Tode des Propheten dessen Biographie schrieb, hat er dies inzwischen (bewußt) vergessen und macht Ibn Ishaq zum Zeitgenossen Mohammeds. So heißt es dann bei Konzelmann zum Beispiel: »Mohammeds erster Biograph, Ibn Ishaq, war Augenzeuge, als sich der Prophet...« (S. 36) oder »Ibn Ishaq schrieb, als Augenzeuge, statistische Angaben nieder« (S. 45).

Wenn Konzelmann schon nicht selbst am Schauplatz des Geschehens auftreten konnte – dies hätten die Lektoren in den Verlagen wohl doch gemerkt –, so mußte wenigstens sein »Kronzeuge« hart am Geschehen gewesen sein. »Was im Hause des Propheten geschah«, so die Einleitung zu einem Bericht bei Konzelmann (S. 87), »darüber berichtet ein Text, der von Mohammeds Lieblingsfrau Aischa verfaßt sein soll.« Der angesprochene Bericht, den er dann wieder aus meiner Ibn-Ishaq-Übersetzung geklaut hat, wird bei mir jedoch folgendermaßen eingeleitet: »Ja'qub ibn Utba überlieferte mir von

Zuhri, der sich auf Urwa beruft, die folgenden Worte A'ischas.« Als Urheberin des Berichtes wird also tatsächlich Aischa genannt; daß diese ihn jedoch schriftlich verfaßt hätte, davon ist nirgends die Rede, wäre auch historischer Unsinn. Bei Konzelmann muß jedoch der Leser den Eindruck gewinnen, unser Experte habe – »in den Kanzleien des Propheten und der Kalifen« – einen Blick in das intime Tagebuch der Prophetengattin geworfen.

Das Bestreben des Journalisten, seine Leser durch eine möglichst große Unmittelbarkeit zum geschilderten Geschehen zu fesseln, ist ja zunächst einmal durchaus legitim, wird in unserer Zeit geradezu gefordert, doch wenn diese nur mittels ständiger historischer Verfälschungen und Verdrehungen erzielt wird, handelt es sich eben – gelinde ausgedrückt – um einen unlauteren Journalismus. Und was sagte unser Experte selbst zu einer solchen Arbeitsweise? In seinem Mohammed-Buch konstatierte er mahnend (S. 23): »Gerade beim Thema ›Mohammed‹ sollte sich der Biograph davor hüten, den Eindruck zu erwecken, er selbst sei Augenzeuge gewesen. Seine Aufgabe ist es, Berichte zu ordnen, Fakten zu sammeln, Bezüge der Episoden untereinander herzustellen. Auch die journalistische Darstellung darf nicht außer acht lassen, daß Mohammed für siebenhundert Millionen Moslems als der wichtigste Vermittler göttlichen Willens gilt.« Sprach's und schrieb weiter wie zuvor!

Inzwischen war auf verschlungenen Wegen in Hamburg eine Kassette eingetroffen, die jenen Film Konzelmanns enthielt, von dem mein ehemaliger Verleger Horst Erdmann berichtet hatte, daß er ebenfalls reichliches Diebesgut aus meinem Mohammed-Buch enthalte. Es handelte sich bei dem Streifen um die erste Folge eines Dreiteilers *Allahu akhbar* (statt »akbar« ! G.R.), der im Dezember 1980 von der ARD ausgestrahlt worden war. Da ich damals in Beirut lebte, war mir das Meisterwerk nicht zu Gesicht gekommen. Die erste Folge – und nur um diese geht es hier – trug den Titel: *Mohammed hört Allahs Anweisungen*. Ich will den Leser nicht mit Einzelheiten langweilen, denn er ahnt es gewiß ohnehin. Ausgerüstet mit Papier und Bleistift, notierte ich die auf dem Bildschirm des Studios mitlaufenden Zeitangaben. Ergebnis: Insgesamt rund zwölf Minuten lang wurden in dem 45 Minuten dauernden Film Texte aus meinem Buch verlesen. Der Rest waren Koranzitate aus deutschen Übersetzungen, Plagiate aus Wellhausen und Konzelmanns abenteuerliche Interpretationen. Jetzt mußte sich Heinrich Senfft also auch noch mit dem Südfunk Stuttgart anlegen.

Ein aufschlußreiches Faktum im Zusammenhang mit diesem Film möchte ich dem Leser jedoch nicht verschweigen. Journalisten – inzwischen war der erste Pressefeldzug gegen den Experten angelaufen – hatten mir aus den Archiven ihrer Verlagshäuser so manchen Zeitungsausschnitt über Konzelmanns Aktivitäten in den vergangenen Jahren zugeschickt. Darunter fand sich auch aus dem Fernsehteil der *Süddeutschen*

Zeitung vom 5. 12. 1980 die Ankündigung der ersten Folge des genannten Films. In dieser Ankündigung, die eindeutig auf eine Presseerklärung von Konzelmann selbst zurückging, hieß es unter anderem: »Als ›Ungläubiger‹ hatte Konzelmann große Schwierigkeiten bei der Realisierung seines Projekts. ›Die meisten Mohammedaner‹, kommentiert er, ›sind der Meinung, daß ein Mann aus dem Westen unfähig ist, die Wahrheit über den Islam zu verbreiten. Entsprechend abweisend ist ihr Verhalten...‹« Nun, *ein* »Mann aus dem Westen«, da hatten »die meisten Mohammedaner« ja gewiß recht, war gewiß »unfähig, die Wahrheit über den Islam zu verbreiten«: Konzelmann. Ihr einziger Fehler bestand darin, daß sie nicht noch abweisender waren.

Doch halten wir uns damit nicht weiter auf, sondern lesen in der Pressemeldung weiter: »Andererseits hatte Konzelmann auch Glück. Er konnte unter anderem auf die Hilfe des Mohammed-Biographen Ibn Ishaq zurückgreifen und auf die Unterstützung der Theologen der Kairoer Al-Azhar-Moschee, eines Zentrums der islamischen Erneuerungsbewegung. Außerdem öffneten sich für ihn eine ganze Reihe von Moscheen, die normalerweise weder Christen noch Atheisten zugänglich sind.«

Mir verschlug es die Sprache. Mußte der gutgläubige Zeitungsleser doch aus diesem Artikel schließen, der vor zwölf Jahrhunderten verblichene Ibn Ishaq habe Konzelmann bei der Realisierung seines Films tatkräftig zur Seite gestanden. Ein solches Maß an Unverfrorenheit ging über meine Vorstellungskraft. Hatte ich bislang den Plagiator immer noch ein wenig belächelt, ja gelegentlich sogar etwas Mitleid für ihn empfunden, so war nun die Mitleidsgrenze endgültig überschritten. Der Mann hatte es verdient, publizistisch attackiert zu werden.

Während die Kampagne von seinen Journalistenkollegen in den letzten Monaten des Jahres 1991 mit geradezu sadistischer Häme zelebriert wurde, nahm ich mir weitere schriftliche Produkte des Schlawiners vor. Und da er im SPIEGEL inzwischen behauptet hatte, er habe bemerkt, daß sein Mohammed-Buch »seine Fehler hat« und es nicht mehr seiner »heutigen Art, ein Thema anzupacken«, entspräche, opferte ich äußerst ungern 48 Mark und kaufte mir sein neuestes Opus *Der Golf* (Verlag Hoffmann und Campe 1991), das er gewinnträchtig unmittelbar nach dem Kuwait-Krieg auf den Markt geworfen hatte und das seit Wochen auf der Bestseller-Liste des SPIEGEL stand.

Ich war darauf eingestellt, daß mich die Lektüre des Buches nun doch dazu zwingen würde, auch die Quellen aufspüren zu müssen, die er für jene Bücher abgeschrieben hat, in denen er aktuelle politische Themen behandelte. Umso größer dann meine Überraschung: Ganze 16 Seiten am Beginn des Buches und rund 80 am Ende von insgesamt fast 500 Seiten, also nur rund 20 Prozent, waren dem Krieg um Kuwait gewidmet. Fast ebensoviel Papier mißbrauchte er wieder, um den Propheten und die Kalifen darzustellen, wobei er, wie gehabt, aus seinen beiden Büchern *Mohammed* und *Die großen Kalifen* abschrieb und damit auch zumindest einen Teil der darin enthaltenen Plagiate aus Weils Kalifen-Buch und meiner Ibn-Ishaq-Übersetzung erneut zum besten gab. Besonders apart fand ich den Umstand, daß die bereits in seinen *Großen Kalifen* enthaltene Sexgeschichte, die er aus *Tausendundeiner Nacht* geklaut hatte, nun auch wieder – neben vielem anderen – in seinem Golf-Buch auftauchte. Ja, der wackere Schwabe scheute sich nicht, sogar Liebesgedichte aus *Tausendundeiner Nacht* zu klauen und stümperhaft verändert in sein Bestseller-Sachbuch (!) aufzunehmen. So liest man dort zum Beispiel auf Seite 141 wie auch schon in seinem Kalifenbuch auf S. 246:

»Von ferne sah mein Auge, was mich sehnend macht.
In Lust entbrannt ich durch die Trennung.
Zu der Gazelle, die mich ganz bestrickt,
Die ich im Schatten sah des Lotosbaumes,
Und Wasser floß auf ihren Schoß herab
Aus einer Kanne, wie aus einer Blumenvase,
Ich wollt', ich wär' bei ihr im Wasser dort
Für eine Stunde oder zwei.«

In der *Tausendundeine Nacht*-Übersetzung von Enno Littmann (Bd. 3, S. 459) hat das Gedichtchen folgenden Wortlaut:

»Mein Aug erblickte, was mich traurig macht;
Und durch die Trennung ward mein Leid entfacht
Von der Gazelle, die mich ganz bestrickt,
Als ich im Lotusschatten sie erblickt.
Und Wasser floß auf ihren Schoß, so klar,
Aus einer Kanne, die von Silber war...
O könnte ich doch glücklich bei ihr sein,
Ein Stündlein oder auch zwei Stündelein.«

Mag sich der Leser selbst seinen Reim darauf machen. Und was liest man auf dem Klappentext des Konzelmannschen Golf-Buches? »Eine glänzend geschriebene Darstellung von zukunftsweisender Aktualität.«

Ich muß gestehen, es gab in der Zeit meiner Konzelmannforschung Phasen, in denen mein Elan erheblich nachließ, zumal in Konzelmanns Werken ohnehin immer wieder dasselbe stand. In vier seiner Bücher und in einem Film hatte ich mich nun schon wiedergefunden, einmal mehr, einmal weniger, und ich beschloß, nur noch das halbe Dutzend, immerhin 25 Prozent seines gewaltigen Outputs, vollzumachen, dann die Ergebnisse zum allgemeinen Ergötzen oder, je nach Temperament, zum allgemeinen Entsetzen niederzuschreiben, es damit aber gut beziehungsweise schlecht sein zu lassen.

Nun also zum fünften Buch aus Konzelmanns gesammelten Werken: *Allahs Schwert*. Auch dieses Opus entstammt seiner jüngsten Schaffensperiode, in der er ja eine »neue Art, ein Thema anzupacken«, entwickelt hat. Es erschien erstmals 1989, und zwar wieder bei Herbig in München. Schon im März 1991 folgte eine Taschenbuchausgabe, nun aber im renommierten dtv-Verlag. Und da das Buch – wie könnte es anders sein – ebenfalls mit Mohammed anfängt, war ich auf den Seiten 13 bis 35 auch wieder mit gut einem Dutzend Plagiaten vertreten. Ich schickte Heinrich Senfft nochmals die Fundstellen, mochte aber nicht mehr weiterlesen. Mein Kollege Heinz Halm von der Universität Tübingen wies mich inzwischen darauf hin, daß Konzelmann erhebliche Teile dieses Buches, in dem es dann vor allem um die Schiiten geht, aus einem englischen Werk »entliehen« hat, nämlich von Dwight M. Donaldson, *The Shi'ite Religion*, London 1933.

Fünf Konzelmannsche Sachbücher reichten mir. Blieb noch, einmal einen Blick in wenigstens einen seiner beiden historischen Romane zu werfen. Ich wählte mir sein rund 400 Seiten starkes Spätwerk *Der Diwan des Harun Al Rashid* aus, das er erstmals 1987 im Thienemann Verlag in Stuttgart veröffentlicht hat, das bei Ullstein aber auch als Taschenbuch erschienen ist und bereits 1990 die stolze Auflage von 50.000 erreicht hatte! Auf der Rückseite der Taschenbuchausgabe wird aus einer Besprechung in der Zeitung *Fränkische Nachrichten* zitiert: »Gerhard Konzelmann ist mit diesem Roman ein großer Wurf gelungen. Er verbindet historisches Wissen mit großer Erzählkunst, verquickt Spannung mit islamischen Traditionselementen und zeigt dabei Tendenzen auf, die ihre Auswirkungen bis in die heutigen Auseinandersetzungen zwischen Irak und Iran haben.«

Donnerwetter! Ich will ja den *Fränkischen Nachrichten* nicht zu nahe treten, zumal ich den Namen dieses Blattes vorher noch nie gehört hatte, doch scheint dies die einzige Zeitung gewesen zu sein, die soviel Positives über dieses Werk zu berichten wußte. Sich selbst preist Konzelmann im Werbetext »Über das Buch« noch viel blumenreicher an: »Als säße er mit untergeschlagenen

Beinen irgendwo im Orient am Markte, erzählt Gerhard Konzelmann, einer der profundesten Kenner der arabischen Welt, die wahre Geschichte vom Aufstieg Harun Al Rashids (766-805) zum Beherrscher des nahezu ganzen Erdkreises.« Harun als »Beherrscher des nahezu ganzen Erdkreises« ist historisch natürlich ebenso schwachsinnig, wie Konzelmann als »einer der profundesten Kenner der arabischen Welt« eine grenzenlos anmaßende Hochstapelei ist. Was ist dies nun für ein Buch, fragt sich der neugierige Leser, ist es ein »Roman« oder eine »wahre Geschichte«?

Das Buch besteht aus 27 Einzelgeschichten und -geschichtchen, die Konzelmann den Wesir Dschafar Al Barmaki erzählen läßt, wodurch recht gequält und durchsichtig ein Zusammenhang zwischen den einzelnen Histörchen hergestellt wird. Konzelmanns eigener Phantasie entstammt wohl nur die erste Geschichte, die sich über zweieinhalb Seiten erstreckt. Bleiben 26 Geschichten übrig. Schon nach einer nur oberflächlichen Durchsicht war mir klar, daß mindestens die Hälfte dieser Geschichten – die Umschrift arabischer Namen zeigte es wieder überdeutlich – aus Enno Littmanns Übersetzung von *Tausendundeiner Nacht* stammen mußte. Stichproben – Littmann hat seiner sechsbändigen Übertragung einen guten Namensindex angefügt – bestätigten rasch diese Vermutung. Auch das besagte Sex-Geschichtchen aus *Tausendundeiner Nacht* war nun schon zum dritten Mal wieder mit von der Partie, dieses Mal (im Roman!) aber wörtlicher (und ohne erfundene Koranverse) aus *Tausendundeiner Nacht* übernommen als in den Sachbüchern! (Falls der Leser nun endlich dieses Sexgeschichtchen selbst goutieren möchte, sei er noch um etwas Geduld gebeten.)

Drei Geschichten, also rund ein Zehntel des »Romans«, erweckten mein gesteigertes Interesse – stammten sie doch wieder von mir, dieses Mal aber nicht aus meinem Mohammed-Buch, sondern aus einer anderen Übersetzung aus meiner Feder, nämlich *Abu l-Faradsch. Und der Kalif beschenkte ihn reichlich* (Tübingen 1977, Bibliothek Arabischer Klassiker). Bei diesem Buch handelt es sich um eine auszugsweise Übersetzung aus dem umfangreichen *Buch der Lieder*, einer der berühmtesten Biographien-, Gedichte-, Lieder- und Anekdotensammlungen des arabischen Mittelalters. Die betreffenden Geschichten tragen bei Konzelmann beziehungsweise in meiner Übersetzung die folgenden Titel.

Rotter:
S. 152: »Ibrahim..., der Fürst der Sänger«
S. 186: »Abu..., der Dichter der Askese«
S. 81: »Ad-Dallal, der Kastrat«

Konzelmann:
S. 34: »Der Fürst der Sänger...«
S. 240: »Ein Asket mahnt«
S. 248: »Erzähl mir von früher«

Im Vergleich zu den Plagiaten in den fünf behandelten Sachbüchern hat Konzelmann in diesem »Roman« die geraubten Passagen in der Regel zwar stärker paraphrasiert, gekürzt, umgestellt und gelegentlich auch inhaltlich verändert, doch bleibt ihre Herkunft klar erkennbar, zumal es auch an zahlreichen mehr oder weniger wörtlichen Übernahmen nicht mangelt, wie das folgende Beispiel veranschaulichen mag.

Konzelmann S. 37:

»Er war in Bagdad dafür berühmt, daß in seinem Haus zu jeder Stunde Essen vorbereitet wurde. Drei Schafe waren immer bereit: Eines kochte, in Teile zerlegt, in den Töpfen auf dem Herd; ein zweites hing abgehäutet in der Küche; ein drittes Schaf suchte Futter im Hof des Hauses. Besuchten Gäste in großer Zahl den Sänger..., dann wurde zunächst aufgetischt, was in den Töpfen bereits gekocht hatte. Gleichzeitig wurde das abgehäutete Schaf zerteilt und in die Kochtöpfe gelegt, das dritte Schaf wurde geschlachtet und abgehäutet, während die Diener ein viertes Schaf in den Garten führten.«

In meiner Übersetzung (S. 158) liest sich diese Passage folgendermaßen:

»Zu jeder Zeit hatte er Essen vorbereitet: Stets waren drei Schafe bereit, eines zerlegt in den Töpfen, ein zweites abgehäutet und aufgehängt und ein drittes lebend. Wenn ihn Gäste besuchten, aßen sie zunächst, was in den Töpfen war. Sobald man diese geleert hatte, wurde das aufgehängte Schaf zerlegt und in den Töpfen vorbereitet. Zur gleichen Zeit wurde das lebende Tier geschlachtet und aufgehängt, während man bereits ein viertes Schaf brachte, das lebend in der Küche blieb.«

»Roman« oder »wahre Geschichte«? Keines von beiden. Nur mit reichlichem Unsinn angereicherte Plagiate und Paraphrasen aus anderen Quellen!

Nachdem ich nun ein Viertel der Gesammelten Werke unseres Experten durchgesehen hatte, schien es mir an der Zeit, ein erstes abschließendes Urteil über seine Arbeitsmethode zu fällen. Es war vernichtend:

- Rund ein Drittel seiner die Geschichte der arabischen Welt behandelnden Werke beziehungsweise Kapitel bestehen aus wörtlichen oder fast wörtlichen Plagiaten aus (meist deutschen) Übersetzungen arabischer Autoren. Während er aber europäische Orientalisten als Übersetzer reichlich ausbeutet, verschmäht er dagegen völlig die wissenschaftliche Fachliteratur dieser Gelehrtenzunft, also die wissenschaftliche Interpretation dieser Texte.

- Ein zweites Drittel läßt sich leicht als Paraphrase oder Nacherzählung anderer Quellen identifizieren.

- Das restliche Drittel besteht aus Konzelmanns eigenen Interpretationen und Erfindungen, wobei primitive Vorurteile, einfältig Banales und schlichter Unsinn eine groteske Verbindung eingegangen sind, mit deren Dokumentation man ein eigenes Buch füllen könnte, doch dazu, wie versprochen, später mehr.

Alle diese drei inhaltlichen Elemente – Plagiat, Paraphrase und Stuß – gehen nahtlos ineinander über. Diese für unseren Experten charakteristische Arbeitsweise verdient meines Erachtens einen eigenen Namen, einen eigenen Terminus, und was bietet sich dafür mehr an, als es einfach »konzeln«, oder etwas gelehrter, »konzelieren« und das Ergebnis dieser Arbeitsweise dann jeweils ein »Konzelat« zu nennen. Ich finde, Gerhard Konzelmann hat ein Recht darauf, in die Fachterminologie der Literatur- und Medienwissenschaften und damit in den Duden einzugehen. Zwar dürfte er das »Konzeln« nicht erfunden haben, doch hat er diese Literaturgattung mit einer solch unübertrefflichen Meisterschaft weiterentwickelt, daß er sich diese Ehrung reichlich verdient hat. Auch an die jährliche Vergabe eines »Konzelpreises« wäre zu denken, damit auch die Nachwelt immer wieder an das geniale Expertentum des Meisters erinnert wird.

Al-Hidscha oder der Spott der Schreiber

Die Konzelmann-Affäre und die Presse

Mitte Juli 1991 hatte Heinrich Senfft unserem Nahostexperten und dem Lübbe Verlag in Sachen Mohammed-Buch den oben zitierten ersten Brief geschrieben. Trotz der Sommerferien schien sich schon Anfang September die rechtliche Seite – zumindest was dieses eine Buch anging – zu Ende zu neigen, denn der Lübbe Verlag beziehungsweise dessen Anwalt Dr. Hecker gaben die Verkaufszahlen bekannt (knapp 40.000 verkaufte Exemplare plus Nebenrechte) und verpflichteten sich, das Buch ab 1. Januar 1992 nicht mehr zu verbreiten.

Der Hoffmann und Campe Verlag – und hier greife ich den Ereignissen etwas vor – konnte Anfang November 1991 bezüglich des Golf-Buches ein Schreiben des Thienemann Verlages vorlegen, wonach bei diesem »eine Abdruckgenehmigung für die Textstellen aus Ibn Ishaq eingeholt« worden war, man aber »durch ein Versehen ... leider vergessen« habe, einen entsprechenden Copyright-Vermerk anzubringen, was man aber bei künftigen Auflagen tun werde. Angesichts der in diesem Buch Konzelmanns nur recht bescheidenen Anzahl von Plagiaten aus meiner Ibn-Ishaq-Übersetzung riet mir al-Muhami, mich mit dieser Auskunft zufriedenzugeben.

Konzelmann selbst hielt sich weiter bedeckt, wohl im Bestreben, die Angelegenheit möglichst geräuschlos im Sande verlaufen zu lassen. Gerade diesen Gefallen konnte ich dem Plagiator aber nicht tun. Bis in den September 1991 hinein hatte auch ich mich in der Öffentlichkeit nicht gemeldet, wollte ich doch erst einmal wissen, wie sich der Experte verteidigen würde. Nachdem seine Behauptung, mein ehemaliger Verleger Erdmann habe ihn zum Abschreiben ermächtigt, sich als phantasielose Ausrede entpuppt hatte und fortan von ihm auch nicht mehr aufgestellt wurde, fiel ihm zur Verteidigung offenbar nichts mehr ein, was mich zwar doch etwas enttäuschte, mich aber andererseits in meinem Entschluß bestärkte, nun endlich den Journalisten freien Lauf zu lassen.

Einigen Bekannten aus der Journalistenzunft hatte ich bereits erzählt, daß ich reichlich Material gesammelt hatte, um dem Schwadronierer ans Leibchen zu gehen, und jeder wollte nun als erster die Story bringen. Da die Demontage des Herrn Konzelmann aber mit Halms Artikel in der *Süddeutschen Zeitung* begonnen hatte, stand für mich fest, daß sie dort zunächst auch fortgesetzt werden mußte. Und so geschah es denn. Einer der Chefredakteure des Blattes, Klaus Podak, kam begeistert von München nach Hamburg gejettet, um sich instruieren zu lassen. *Orientalische Geschichten – märchenhaft bekannt* hieß dann am 19. September 1991 Podaks langer Artikel in der *Süddeutschen Zeitung*, in dem er meine bis dahin vorliegenden Ergebnisse journalistisch gekonnt zusammenfaßte.

Wenige Tage später folgte DER SPIEGEL in bekannt bissiger Manier mit der Satire *Der Kalif von Stuttgart*. Dr. Fritz Rumler hatte sich dort ans Werk begeben und den »Kalifen« gehörig angemacht. So war einleitend zu lesen:

»Das waren noch Zeiten, als unser Goethe, im ›West-östlichen Divan‹, schwärmte: ›Gottes ist der Orient!/ Gottes ist der Okzident!/ Nord- und südliches Gelände/ Ruht im Frieden seiner Hände.‹ Die Ruh ist hin. Und ein Herz ist schwer. Gerhard Konzelmann, 58, der schwäbische Thukydides für alles Arabische und Islamische, dem Volk per Bildschirm und mit einem guten Dutzend Erfolgsbüchern, als Orient-Experte vertraut, soll gar kein solcher sein. Vielmehr das Gegenteil.

Nämlich ein ›Plagiator großen Stils‹, ein ›Scharlatan‹, ein ›Hochstapler, der sich ständig des Diebstahls von geistigem Eigentum anderer schuldig‹ mache. ›Regelrecht dumme Stilblüten‹ produziere er, ›historisch schlichten Blödsinn‹, und seit Jahrzehnten habe er die öffentliche Meinung über den Nahen Osten ›bewußt tendenziös in die Irre geführt‹.« Noch viele böse und kränkende Worte folgten. Nun hatte es Fritz Rumler aber offenbar keine Ruhe gelassen, und er hatte bei der Recherche für seinen Artikel auch Konzelmann zu Wort kommen lassen wollen, was sich dann abschließend so las:

»Das vorletzte Wort hat der Angeklagte. Sein ›Mohammed‹-Buch, sagt Konzelmann, sei vor zwölf Jahren ›in der vom Bürgerkrieg bedrohten Stadt Beirut‹ entstanden; zu den ›wenigen Hilfsmitteln‹, über die er verfügte (*Beirut ist voller Bibliotheken* – die Red.), ›gehörte auch die Rotter-Übertragung des Ibn Ishaq.‹ Er habe bemerkt, ›daß mein Buch seine Fehler hat‹, und vor einem Jahr seinen Verleger gebeten, ›es nicht mehr anzubieten‹; es entspräche nicht seiner ›heutigen Art, ein Thema anzupacken‹.«

Nun, der Leser hat ja bereits erfahren, wie Konzelmann inzwischen in seinen neuesten Büchern ein Thema anpackt – nämlich exakt genauso wie in seinen älteren, es sei denn, unter seiner ›heutigen Art, ein Thema anzupacken‹, ist der Umstand zu verstehen, daß er in seinen neueren Werken verstärkt seine älteren abschreibt und neu zusammensetzt. Geradezu bedauernswert hilfslos ist aber auch Konzelmanns neue Ausrede, »in der vom Bürgerkrieg bedrohten Stadt Beirut« habe er außer meiner Übersetzung keine anderen Hilfsmittel gehabt. In der Tat – und diesen Hinweis konnte ich Rumler auf seine Rückfrage hin guten Gewissens geben – ist aber Beirut mit seinen vier Universitäten, zahlreichen wissenschaftlichen Instituten und noch mehr, zum Teil gut sortierten, Buchhandlungen geradezu ein Mekka für lesehungrige Orient-Experten oder solche, die es werden möchten, selbst wenn sie neben Deutsch nur Englisch und Französisch im Tornister mit sich tragen. Auch ein deutsches Orient-Institut mit einer vorzüglichen, reich ausgestatteten Bibliothek findet sich in Beirut, die sogar während des Bürgerkrieges fast stets geöffnet war und in der zahlreiche Gäste ihren Wissensdurst befriedigten; Konzelmann war meines Wissens – zumindest in den Jahren 1968/69 und 1980-1984, als ich dort tätig war – nie darunter.

In der arabischen Literatur hat sich eine Gattung schon früh ganz besonderer Beliebtheit erfreut: al-Hidscha, Spottgedichte, die man über Angehörige anderer Stämme, vor allem aber über andere Dichter verfaßte. Der Spott, den nun seine Journalistenkollegen über Konzelmann ausgossen, erinnerte mich sehr an diese kulturhistorisch so interessante Gepflogenheit. Zunächst in noch moderatem Frageton gehalten (*Hat Gerhard Konzelmann abgeschrieben?*, *Hamburger Abendblatt*, oder *Gerhard Konzelmann – mit fremden Federn geschmückt?*, *Stuttgarter Zeitung*, oder *Konzelmann: Märchen aus dem Orient?*, *Hamburger Morgenpost*) wurden die Überschriften bald deftiger (*Bei Allah! Konzelmanns Märchen aus Tausendundeiner Nacht*, *Bild und Funk*, oder *Allahs Plagiator*, *Süddeutsche Zeitung*, oder unter der Rubrik »Abteilung schlechte Kopien« in der Illustrierten *Bunte*: *Peinlich-Plagiator K.*). Im Norddeutschen Rundfunk vernahm ich eines Morgens mit Vergnügen eine Glosse, in der der Sprecher sein Unverständnis über die Aufregung um Konzelmann zum Ausdruck brachte und bedauerte, daß sich Konzelmann nicht auch »zum Baltikum und Mikronesien« im Fernsehen äußerte, »denn schließlich ist er doch Experte – wofür, ist doch egal!« Die

Illustrierte *Bunte* sah den »deutschen Oberscheich zu allen Fragen des Orients« gar schon »aus Hochmut« »ins Bodenlose fallen« und verlangte »Sand auf seine eitle Zunge«.

Nun, so weit ging mein Rachedurst gar nicht. Nachdem der Experte sich aber standhaft geweigert hatte, den juristischen »Offenbarungseid« zu leisten, hatte ich gehofft, seine eigenen Journalistenkollegen würden ihn vielleicht zu einem moralischen Offenbarungseid, das heißt zur Offenbarung eines Schuldbewußtseins bewegen können. Doch nichts dergleichen geschah. Lediglich die Nackedei-Postille *Quick* brachte – soweit ich dies in Erfahrung bringen konnte – eine »Gegenrede« Konzelmanns unter der Überschrift *Ich habe den Islam für alle verständlich gemacht*. Nun, wie jene Menschen in unserem Lande, die sich nur aus Konzelmann-Werken ihr Bild vom Islam gemacht haben, diesen nun verstehen, werden wir noch sehen.

Einigermaßen bedrückend fand ich Briefe, die mich nach den diversen Pressemeldungen aus der bisherigen Konzelmanngemeinde erreichten. Da schrieb zum Beispiel Herr Oswald Lück aus Wuppertal am 19. Dezember 1991: »Mit Wut und Enttäuschung habe ich in den Zeitungen gelesen, daß die Bücher des ›Nahostexperten‹ Gerhard Konzelmann fast alle Plagiate – zumindest zum großen Teil – sind. Leider habe ich nun fast alle Bücher gekauft und gelesen und fühle mich von Herrn Konzelmann betrogen. Da Sie mit Ihrem Anwalt sich dafür einsetzen, daß von diesem ›Nahostexperten‹ keine Bücher herauskommen, erlaube ich mir die Frage, ob eine Klage gegen Herrn Konzelmann wegen Betruges beziehungsweise arglistiger Täuschung erfolgversprechend wäre... Die von mir gekauften Bücher stelle ich Herrn Konzelmann gegen Erstattung des Kaufpreises selbstverständlich zur Verfügung.«

Nur einer von Konzelmanns Journalistenkollegen versuchte, während dieser ersten Pressekampagne wenigstens ein gewisses Verständnis für Konzelmann zu wecken: Oskar Fehrenbach am 22. September 1991 in *Sonntag aktuell*, einer Wochenendbeilage in zahlreichen Regionalzeitungen des südwestdeutschen Raumes. Ich halte diesen Artikel für so wichtig – gerade weil er auch eine substantielle, in weiten Teilen völlig berechtigte Kritik an meiner eigenen Zunft beinhaltet –, daß ich ihn an dieser Stelle, mit kurzen Kommentaren versehen, fast vollständig wiedergeben möchte.

Zunächst geht Fehrenbach in seinem langen Artikel durchaus hart mit seinem Kollegen ins Gericht: »Was darf ein Journalist? Was darf er nicht? Wann verletzt er die Standesehre, wann hat er seinen Ruf verspielt? Was, so ist aus aktuellem Anlaß zu fragen, lehrt der Fall Konzelmann? Noch mag es zu früh sein, den Stab über den prominenten Fernsehjournalisten des Südfunks zu brechen; aber schon jetzt riecht es gewaltig nach Skandal. Die Beweise dafür, daß der als Nahostexperte ausgewiesene Journalist in seinen populären Bestsellern fleißig abgekupfert, wörtliche Passagen aus einem wissenschaftlichen Werk ohne Quellenangabe als sein eigenes Gedankengut ausgegeben und sich mithin, im juristischen Sinne, des Plagiats schuldig gemacht hat, sind erdrückend. Selbst die levantinischen Ausflüchte, die der Erfolgsautor nun an den Haaren herbeizieht, können ihn schwerlich vom Vorwurf des geistigen Diebstahls befreien.«

Was Fehrenbach damals noch nicht wußte, war, daß Konzelmann ja nicht nur aus *einem* wissenschaftlichen Werk, sondern aus mehreren abgeschrieben hat; oder genauer: Wie schon festgestellt, schrieb Konzelmann aus wissenschaftlichen Werken im eigentlichen Sinne überhaupt nicht ab, sondern lediglich aus Übersetzungen, die Wissenschaftler von arabischen Texten angefertigt haben. So sehe ich meine Übersetzung der Mohammed-Vita des Ibn Ishaq nicht als »wissenschaftliches« Werk im engeren Sinne an, sondern lediglich als populärwissenschaftliche Übersetzung für eine breitere Öffentlichkeit. Doch weiter im Artikel Fehrenbachs: »Dies muß so klar und hart ausgesprochen werden, um keinen Zweifel daran aufkommen zu lassen, daß sich solche Praktiken nicht mit dem Ethos des journalistischen Handwerks vereinbaren lassen. Wer sich mit fremden Federn schmückt, wer sich Kompetenz anmaßt, die er nicht besitzt, und wer dann noch als angeblicher ›Fachmann‹ auf der Erfolgswelle reitet, der bringt seine Branche in Mißkredit. Im Orient sollen zwar die Märchenerzähler viel Zulauf haben, aber hierzulande möchte man schon wissen, wie seriös einer ist, der sich als Kenner aufspreizt.«

Nach dieser Klarstellung, die ich nur begrüßen konnte, wandte sich Fehrenbach der Gegenseite zu: »Schon jetzt aber spitzt sich die Sache auf einen Grundsatzstreit zwischen Journalismus und Wissenschaft zu. Diese Auseinandersetzung ist sehr viel wichtiger und interessanter als die Frage, ob nun wieder einer gegen den Kodex seiner Profession verstoßen hat. Falls man es nicht wissen sollte, abgekupfert, abgeschrieben wird auch unter Wissenschaftlern jede Menge, vielleicht etwas eleganter und sorgsamer getarnt, aber doch so, daß von Ideenraub gesprochen werden kann.«

Da hatte Fehrenbach ganz gewiß recht – nur, wenn einem Wissenschaftler nachgewiesen werden kann, daß er ohne Nennung der Quelle etwas mehr oder weniger wörtlich abgeschrieben hat, dann muß er seinen Hut nehmen. Doch Fehrenbach wurde noch grundsätzlicher: »Das ist jedoch gar nicht das entscheidende Thema. Viel entscheidender und politisch brisanter ist die Frage, ob die sogenannten Experten aus den Gelehrtenstuben wirklich triftige Gründe haben, dem Journalismus prinzipiell den Vorwurf der Inkompetenz, der fehlenden Sachkunde und der mangelnden akademischen Qualifikation zu machen?«

Ja, das ist in der Tat die politisch brisante Frage. Und um diese Frage zu beantworten, sollten wohl die entsprechenden Journalisten die entsprechenden Wissenschaftler gnadenlos in die Pflicht nehmen, statt ständig – aus Minderwertigkeitkomplexen heraus – einen weiten

Bogen um sie zu machen, weil man sich der eigenen Inkompetenz schämt. Fehrenbach haut dann auf meinen Kollegen Heinz Halm ein, indem er bezüglich der schon erwähnten Dagobert-Lindlau-Show schreibt: »Gegen die beiden Routiniers (gemeint sind Konzelmann und Scholl-Latour; G.R.) machte indes der Professor keinen Stich und konnte nicht einmal in Andeutungen klarlegen, was er nun Besonderes zur Aufklärung des Mittelostkonfliktes beizusteuern hätte. Wie so oft wurde lediglich deutlich, daß die Beiträge der gelehrten Zunft in aktuellen und dazuhin dramatischen Situationen eher dünn und ziemlich dürftig blieben.«

Ja, Herr Fehrenbach, das ist eben das Problem. Warum konnte denn »der Professor« in der genannten Sendung auch »nicht einmal in Andeutungen klarlegen«, was er eigentlich sagen wollte: Weil er keinen Satz zu Ende reden durfte, da Scholl-Latour ihn ständig unterbrach und förmlich niederschrie. Und daß Ihnen »die Beiträge der gelehrten Zunft... eher dünn und ziemlich dürftig« erscheinen, dürfte vor allem daran liegen, daß Sie wie die meisten Journalisten, allen voran Herr Konzelmann, keine wissenschaftliche Literatur lesen. Von »Experten« sollte man dies doch wohl erwarten können. Und nachdem Fehrenbach dann wortreich die Nöte des Journalisten, vor allem des Auslandskorrespondenten, beschreibt, schnell und sachkundig auf eine bestimmte aktuelle politische Situation reagieren zu müssen, kommt er zu einem seltsamen Fazit: »Gewiß kennt man die Nahostexperten, die so tun, als kröchen sie ständig im Beduinenzelt herum, während sie statt dessen in der

Hotelbar den zehnten Drink zu sich nehmen. (Wen kennt er denn da wohl? G. R.). Doch wiederum kann getrost behauptet werden, dies sei eher die Ausnahme als die Regel (vorsichtig formuliert; G.R.). Mit einem Wort: keiner sollte über den anderen herfallen und sich überlegen dünken. Jeder beherrsche sein Metier und halte sich an dessen Spielregeln.«

Ja, sehen Sie, Herr Fehrenbach, das letztere ist nämlich genau der Fehler. Natürlich muß sich jeder der beiden Berufszweige an seine »Spielregeln« halten, sollte es zumindest, doch warum sollen sie sich denn gegeneinander abschotten? Wäre es nicht sinnvoller, aufeinander zuzugehen und voneinander und aus den jeweiligen Fragestellungen und Arbeitsproblemen zu lernen? Solange zwei Fernsehgroßmogule, sei es aus Minderwertigkeitskomplexen, sei es aus Angst, ihre Pfründe zu verlieren, die Wissenschaft bewußt außen vor halten, werden beide Seiten »dumm« bleiben. Gewiß, es gibt leider noch immer viel zu viele Geisteswissenschaftler, die ihre Alma Mater zu betrügen glauben, wenn sie einmal journalistisch oder auch nur populärwissenschaftlich fremdgehen. Sie sind dies meines Erachtens in unserem Medienzeitalter aber sowohl dem aufklärerischen Auftrag ihrer Wissenschaft als auch dem Steuerzahler, von dem sie in der Regel leben, schuldig.

Die beiden Sklavinnen und das geile Glied des Harun ar-Raschid

Konzelmanns Vorurteile über die Araber

Konzelmann gab also vor, »den Islam für alle verständlich gemacht« zu haben. Nun muß man meines Erachtens, um eine uns Deutschen fremde Religion verständlich zu machen, ja nicht gleich zum Plagiator werden; doch forderte er mit einer solchen Aussage seine treue Lesergemeinde gar nicht ungeschickt zu einer Güterabwägung heraus: Ist nicht das Plagiieren, pardon, das Konzeln, unbedeutend im Vergleich zu der edlen Absicht, die den Meister bewegte und der er lange Jahre seines Lebens geopfert hat? Verkannte ich völlig die aufklärerische Leistung, die der Experte in der breiten Öffentlichkeit vollbracht hatte? Und hatte nicht schon mein Anwalt Heinrich Senfft vielleicht ein wenig recht gehabt, als er am Telefon, nachdem ich ihm den Umfang meiner Plagiatsentdeckungen erstmals mitgeteilt hatte, kritisch bemerkte: »Aber dann können seine Bücher doch gar nicht so schlecht sein, wenn er soviel von Ihnen und anderen Wissenschaftlern abgeschrieben hat!«

Der Einwand mußte, wollte ich glaubwürdig bleiben und mir nicht das Stigma eines kleinkarierten, peniblen

Zeilenzählers einhandeln, ernstgenommen werden. Und ich nahm ihn ernst. Deshalb las ich auch aufmerksam Konzelmanns Eigenanteil an seinen Werken und prüfte, unter welchen inhaltlichen Gesichtspunkten er bestimmte Plagiate besonders schätzte, ausbaute und ausgiebig kommentierte. Recht bald kristallisierten sich dabei gewisse Schwerpunkte heraus, nämlich einerseits die Erotik beziehungsweise Sexualität und andererseits die Aggressivität, die dem orientalischen Menschen angeblich in besonderem Maße eigen waren.

Bleiben wir zunächst bei ersterem! Schon über die Sexualität der Sumerer im Zweistromland, lange bevor der Islam dort seinen Einzug hielt, weiß Konzelmann Erstaunliches: »Die Sicherheit der Zukunft lag in der eigenen Fruchtbarkeit – und damit in der Sexualität. Wie bedeutsam den Menschen an Euphrat und Tigris die Erotik gewesen sein muß, ist am Verhalten des Gottes Enki abzulesen...« (*Der Golf*, S. 60). Die hier von unserem Experten postulierte Gleichsetzung von Fruchtbarkeit, Sexualität und Erotik legt die Vermutung nahe, daß er zumindest darin vielleicht kein Experte ist, und regt auch zu weiteren Spekulationen an, die ich aber hier schamhaft unterlassen möchte. Machen wir lieber einen großen zeitlichen Sprung zum Propheten und zu den Kalifen!

Über diese heißt es im Klappentext zu seinem Opus *Die großen Kalifen*: »Tyrannen waren sie alle. Gegen ihre Urteile gab es keine Berufungsinstanz. Unterworfen waren sie allein ihrer Sexualität. Frauen aus Indien, aus Abessinien, aus dem Kaukasus warteten im Harem auf die Chance, dem Herrscher ihre erotischen Künste zu beweisen. Die Kalifen sind würdige Schüler des Propheten Mohammed, von dem das Wort überliefert ist: ›Zwei Gaben Allahs fesseln mich an diese Erde: die Frauen und die Wohlgerüche Arabiens.‹«

Zunächst ärgerte es mich etwas, daß ich Konzelmann nicht gleich überführen konnte, woher er das zitierte Prophetenwort geklaut hatte, zumal er es auch im Text seines Mohammed-Buches als Kapitelüberschrift (S. 172) benutzt hat, wenn auch in etwas anderer Form: »Gebete, Wohlgerüche und Frauen haben mich am meisten ergötzt.« Da half, wie so oft in dieser meiner konzelmannologischen Forschungsphase, unsere überaus belesene Bibliothekarin, Frau Dr. Hörner, weiter. Sie entdeckte den Spruch wieder einmal in Littmanns Übersetzung von *Tausendundeiner Nacht*, und zwar in folgendem Wortlaut (Bd. 3, S. 612): »Der Dinge, die ich in eurer Welt am liebsten habe, sind drei: die Frauen, die Wohlgerüche und mein Augentrost im Gebet.« Die Märchen aus *Tausendundeiner Nacht* als Quelle für Prophetenworte heranzuziehen, war nun wirklich ein starkes Stück. Im übrigen dient dieses Prophetenwort in dem betreffenden Märchen als Argument gegen Homosexualität unter Männern und nicht als Beleg für eine übersteigerte Sexualität Mohammeds. Es sei am Rande bemerkt, daß Konzelmann, ohne es zu wissen, noch Glück hatte, denn ähnliche angebliche Prophetenworte tauchen tatsächlich zumindest bei einem frühen arabischen Historiker, aber auch in den kanonischen Hadith-Sammlungen auf, in letzteren allerdings nur in der sehr nüchternen Formulierung: »Was mir (zu ergänzen: von Gott; G.R.) am Diesseits liebenswert gemacht wurde, sind die Frauen und die Wohlgerüche«. Das klingt nun doch etwas anders als: »Zwei Gaben Allahs fesseln mich an diese Erde…«

Doch lassen wir solche wissenschaftlichen Spitzfindigkeiten und betrachten uns, was der Experte denn in seinen beiden Büchern *Mohammed* und *Die großen Kalifen* so alles über die Sexualität der Araber vorzubringen weiß. Daß die zahlreichen Frauen des Propheten für ihn Anlaß waren, sich eingehend damit zu befassen, ist verständlich und zunächst ja auch in keiner Weise verwerflich. Nur, wie er dies macht, ist bemerkenswert und gerät zum Ärgernis.

Für die Erlaubnis, bis zu vier Frauen zu ehelichen, führt Konzelmann einleitend (S. 173) folgenden Koranvers an (Vers 3 aus der vierten Sure): »Überlegt gut und nehmt nur eine, zwei, drei, höchstens vier Ehefrauen. Fürchtet ihr auch noch ungerecht zu handeln gegenüber einer Frau, dann lebt mit Sklavinnen, die ihr kaufen könnt. So werdet ihr nicht so leicht vom rechten Weg abkommen.«

Ich weiß nicht, welche Koranübersetzung Konzelmann in diesem Falle vorgelegen hat, sicher ist nur, daß er sie, wie bei ihm üblich, in liederlicher Weise verunstaltet hat. In der modernen wissenschaftlichen Übersetzung von Rudi Paret, dem besten Korankenner, den Deutschland hervorgebracht hat, liest sich der Vers ein wenig anders: »Wenn ihr aber fürchtet, in Sachen der (eurer Obhut anvertrauten weiblichen) Waisen nicht recht zu tun, dann heiratet, was euch an Frauen gut ansteht (?), (ein jeder) zwei, drei oder vier. Und wenn ihr fürchtet, (so viele) nicht gerecht zu (be)handeln, dann (nur) eine, oder was ihr (an Sklavinnen) besitzt. So könnt ihr am ehesten vermeiden, unrecht zu tun.« Die in Klammern gesetzten erklärenden Worte Parets, an einer Stelle auch ein Fragezeichen, zeigen, wie problematisch und schwierig Übersetzungen – und noch mehr – Deutungen von Koranversen sind und wie naiv Konzelmanns Version ist. Das eigentlich Tendenziöse wird jedoch erst in Konzelmanns Kommentar zu dem Vers deutlich: »Diese Anweisung ist mit der Absicht erlassen, Ordnung zu schaffen in den Häusern der arabischen Männer. Bisher war die Zahl der Frauen unbeschränkt. Kein Gesetz gebot Zurückhaltung – wer reich war, der konnte sich acht oder zehn Frauen ins Haus holen... Der Wille zur Gerechtigkeit in den Familien ist das Motiv für eine Beschränkung der Zahl der Frauen eines jeden Gläubigen – wobei Mohammed, da er die Gewohnheiten der arabischen Männer kannte, die Ausflucht ließ, daß sich jeder seine Vergnügungen bei vielen Sklavinnen suchen könne.« Hier hat unser Experte wirklich einmal nicht abgeschrieben, auch nicht paraphrasiert oder nacherzählt, sondern dies ist Konzelmann pur. Das gilt auch für den folgenden Text wenige Seiten später (S. 182): »Für die Menschen, die damals in Medina lebten, galt der erotische Erlebnisbereich eines Mannes als selbstverständlicher Aspekt seiner Existenz. Je stärker eine männliche Persönlichkeit war, desto mehr gestand man ihm an sinnlicher Kraft zu. Seine Anhänger waren stolz darauf, daß Mohammed den Anforderungen vieler Frauen gewachsen war...«

Dieser in den historischen Quellen durch nichts zu belegende Blödsinn tritt noch eklatanter in einer anderen Feststellung Konzelmanns zutage (S. 169 f.): »In den Berichten aus dem Leben des Propheten sind Episoden enthalten, die seine Neigung zu Kindern und ganz besonders zu männlichen Kindern zeigen... Als besondere Auszeichnung galt bei den gläubigen Familien die Geste des Propheten, ein Kind zu sich auf den Kamelsattel zu heben. Ob er aus echtem Gefühl handelte oder aus Berechnung? Beantworten läßt sich diese Frage nicht.«

Mit solchen Formulierungen und geradezu perfiden Suggestivfragen wird dem Leser eindeutig suggeriert, Mohammed habe päderastische Neigungen entwickelt. Doch damit ist die Grenze journalistischer Lauterkeit und journalistischer Freiheit endgültig überschritten. Ich nehme an, Konzelmann hat sich den Unsinn zusammengereimt aus Schilderungen, die sich zum Beispiel in meiner Übersetzung des Ibn Ishaq folgendermaßen lesen: »Als sich das Heer Medina näherte, ritt ihnen der Prophet mit den zurückgebliebenen Muslimen entgegen. Die Kinder rannten nebenher. ›Nehmt die Jungen mit auf eure Esel‹, forderte der Prophet seine Begleiter auf, ›und gebt mir Dscha'fars Sohn!‹ Man brachte ihm Abdallah ibn Dscha'far, und er setzte ihn vor sich auf sein Reittier.« Daß Mohammed gerade den genannten Jungen, Abdallah ibn Dscha'far, auf seinen Esel heben ließ, war übrigens allein Ausdruck des Mitgefühls für dessen Vater, der im Verlaufe des vorangegangenen Feldzuges gefallen war.

Mit derlei wilden und durch nichts zu belegenden Unterstellungen stellt sich Konzelmann in eine Reihe mit jenen apologetischen Hetzschriften gegen den Islam und gegen die Araber beziehungsweise die Sarazenen, wie sie damals hießen – Hetzschriften, die Mohammed zum Sexmonster und den Islam zu einem einzigen perversen Sündenpfuhl herabwürdigten. So dichtete etwa der Mainzer Embricho in seiner Vita Mahumeti (Verse 804-808) Ende des 11. Jahrhunderts: »So bedrängt die Frau ihresgleichen, der Mann den Mann unterjochend,/ Bald gegen die Sitte der Bruder die Schwester./ Die verheiratete Schwester ist dem Bruder gefügig./ Die eigenen Sprößlinge schänden die Mutter, die Tochter den Vater:/ Was auch immer auf diese Weise beliebte, war durch die Neue Lehre erlaubt.« Konzelmann erweist sich als würdiger Schüler dieser uralten verlogenen Tradition.

Doch nicht nur in bezug auf das Liebesleben des Propheten selbst läßt der Nahostexperte seinen sexuellen Phantasien freien Lauf, sondern er nutzt sie auch zur farbigen oder drastischen Ausgestaltung mancher anderen Schilderung. So weiß er aus meiner Übersetzung und auch von Weil, daß im noch heidnischen Mekka drei Göttinnen besonders verehrt wurden, von denen wir außer den Namen aber kaum etwas Näheres wissen. Umso erstaunter ist der Fachmann, wenn er von Konzelmann erfährt (S. 35), daß diese Göttinnen »häufig als durchaus erotische Wesen dargestellt wurden«.

Aber auch über die vorislamischen Verhältnisse in Medina ist der Experte hervorragend im Bilde (*Die Kalifen*, S. 11): »Sie kämpften gegeneinander mit Gift und Dolch. Die Männer lauerten sich in den Gassen auf. Als besonders verdienstvoll galt es, eine Frau aus der feindlichen Familie zu vergewaltigen. Animalische Lust tobte sich aus.« Schade, daß wir in den Quellen zwar lesen, daß die wichtigsten Stämme in Medina in Fehde miteinander lagen, weshalb sie dann Mohammed als Schlichter zu sich einluden, doch wie sich diese Fehden gestalteten – ob mit Dolch, Gift und Vergewaltigungen –, das muß Konzelmann in einem Stasi-Bericht »aus den Kanzleien des Propheten und der Kalifen« gefunden haben.

»Die beiden hörten auch am Brunnen«, so beginnt eine kleine Geschichte in meiner Ibn-Ishaq-Übertragung (S. 129), »wie sich zwei Mädchen des dort ansässigen Stammes über irgendeine zu begleichende Schuld unterhielten und die eine der anderen versprach: ›Morgen oder übermorgen kommt die Karawane. Ich werde für sie arbeiten und dir dann zurückzahlen, was ich dir schulde.‹« Bei unserem Nahostexperten (*Mohammed*, S. 116) – und dies ist gleichzeitig ein schönes Beispiel für die meisterhafte Anwendung der Technik des Konzelns – liest sich dies dann so: »An der Wasserstelle von al-Badr (der Name des Ortes erscheint in meinem Text vorher; G.R.) waren zwei Mädchen belauscht worden, die miteinander stritten: Die eine war der anderen Geld schuldig. Die Schuldnerin meinte: ›Morgen, spätestens übermorgen kommt die große Karawane. Da ist Geld für mich zu holen bei den Männern...‹«

Geradezu vollendet hat der Meister die Konzeltechnik zur Sexualisierung der folgenden Geschichte eingesetzt. Am Ende der Schlacht von Ohod, in der Mohammed gegen die heidnischen Mekkaner eine Niederlage einstecken mußte, heißt es in meiner Übersetzung (S. 150) zu einer den Muslimen besonders verhaßten Mekkanerin: »Hind, die Tochter des bei Badr gefallenen Utba, und die sie begleitenden Frauen verstümmelten die Leichen der gefallenen Prophetengefährten und schnitten ihnen Ohren und Nasen ab.« Unser Experte verkonzelte nun meinen Text in bewährter Weise, erweiterte ihn inhaltlich aber um einen bemerkenswerten Zusatz (S. 142): »Jetzt war die Stunde der Frauen gekommen. Sie verstümmelten die Leichen der gefallenen Moslems durch Abschneiden von Nasen, Ohren und Geschlechtsteilen.« Ich bin zwar kein Psychologe, doch an dieser Stelle drängt es sich förmlich auf – laienhaft tiefenpsychologisch –, bei Konzelmann eine latente Kastrationsangst zu diagnostizieren.

Lassen wir nun die Zeit des Propheten hinter uns zurück und sehen wir uns etwas im folgenden Geschehen um, das heißt, wir greifen zu dem Buch des Experten *Die großen Kalifen*. Nach dem Tode Mohammeds kam es unter dem ersten Kalifen, Abu Bakr, zu den sogenannten »Apostasie-Kriegen«, das heißt, eine Reihe von Stämmen auf der arabischen Halbinsel sagte sich wieder vom Islam und damit von der Bevormundung und Besteuerung durch den Kalifen, der einer der Schwiegerväter des Propheten war, los. Abu Bakr unterdrückte dieses Aufbegehren mit militärischer Gewalt und stellte rasch die Pax Islamica auf der Arabischen Halbinsel wieder her. Einige der aufständischen Stämme wurden angeführt von »Lügenpropheten«, die offenbar Mohammeds Erfolg nachzuahmen versuchten. Einer dieser Männer war ein gewisser Musailima im östlichen Teil der Arabischen Halbinsel sowie eine »Prophetin« namens Sadschah in einer benachbarten Stammesregion. Außer recht krausem Zeug hat sich – naturgemäß – in der arabischen Literatur über diese Personen kaum etwas Verwertbares erhalten. Konzelmanns Ausführungen gehen eindeutig auf Gustav Weil (*Geschichte der Chalifen*, Bd. 1, S. 21f.) zurück, bei dem es – vor 150 Jahren – in einer langen Anmerkung heißt: »Von Museilama (falsche Umschrift, die Konzelmann dann naturgetreu übernimmt; G. R.) wissen wir auch wenig mehr als von den anderen falschen Propheten, welche damals in Mohammeds Fußstapfen treten wollten... Daß Museilama, wie eine von Europäern nachgeschriebene Tradition bei Tabari lautet, sich mit Sadjah (auch eine Umschreibung, die Konzelmann prompt übernimmt; G. R.) drei Tage lang den größten Ausschweifungen hingegeben habe, ist trotz dem auf Seite 136 (in Weils türkischer Übersetzung des arabischen Originaltextes von Tabari; G.R.) angeführten Gedichtchen, dem obszönsten, das vielleicht die arabische Literatur aufzuweisen hat, doch nur eine Erfindung der

Muselmänner, da Museilama damals über hundert, nach Sujuti (einem arabischen Historiker des 16. Jahrhunderts; G.R.) sogar hundert und fünfzig Jahre alt war.«

Es sei vorausgeschickt, daß das angesprochene »Gedichtchen«, das ich mir im arabischen Originaltext extra nochmals angesehen habe, die Entrüstung Weils in keiner Weise rechtfertigt – auch nicht vor 150 Jahren –, weil es schlicht harmlos ist im Vergleich zu anderen wirklich pornographischen Gedichten, die sich durchaus in bestimmten Gattungen der mittelalterlichen arabischen Literatur finden, ganz zu schweigen von alten und neuen entsprechenden Produkten des »christlichen Abendlandes«.

Doch was macht nun Konzelmann in seinem Sachbuch aus der dürren Information, die er bei Weil gelesen hat? »Museilama und Sadjah«, so formuliert er in seinen *Großen Kalifen* (S. 32f.), »trafen sich im finsteren Raum des Heiligtums. Legenden der Beduinen erzählen vom Liebesfest, das die beiden Propheten drei Tage lang gefeiert haben. Sadjah zeigte dem Museilama die erotische Meisterschaft ihrer Zunge. Die Prophetin stachelte damit die Liebeskraft des Mannes an. Selten erschlaffte Museilama in diesen drei Tagen. Diese Leistung wurde von den potenzbewußten Beduinen als Wunder gefeiert – ein Wunder schien sie vor allem deshalb zu sein, weil Museilama damals weit älter gewesen sein soll als ein Jahrhundert. Die Vereinigung der beiden Propheten sah der Kalif mit Besorgnis. Das Potenzwunder machte das Paar populär in den Zelten der Beduinen. Dichter besangen in lasziven Liedern das Schwert des Museilama in der Scheide der Sadjah. Die erotische Abart des Islam, die Sadjah und Museilama praktizierten, wurde zur Gefahr für den rechten Glauben. Abu Bakr entschloß sich, seinen besten Truppenkommandeur Chaled Ibn al-Walid (den Namen hat Konzelmann auch von Weil; G.R.) zur Ausrottung der beiden Propheten und ihrer Anhängerschaft nach Jamama zu schicken. Chaled wurde unter anderem deshalb ausgewählt, weil er den stolzen Titel ›Schwert Allahs‹ trug. Das Schwert Allahs trat gegen das vielbesungene Schwert in der Scheide an.«

Wenn das erotische Vorspiel, das die beiden in Konzelmanns Phantasie betrieben, also eine klassische Fellatio, eine »erotische Abart des Islam« ist, stellt sich natürlich die Frage, ob wir im Cunnilingus entsprechend eine erotische Abart des Christentums (oder gar erst des modernen Feminismus?) zu sehen haben, da wir Christen ja im Gegensatz zu den überaus patriarchalischen Muslimen stärker die Rechte der Frauen vertreten. Neben diesem interessanten gesellschaftspolitischen Aspekt betritt Konzelmann mit seinen historischen Erkenntnissen auch völliges Neuland in der Kriegsursachenforschung, denn wenn damals in der Tat eine Fellatio einen Krieg auslöste, kann eines der wichtigsten Axiome der Friedensbewegung, nämlich »make love, not war«, nicht länger so undifferenziert aufrechterhalten werden. Ich gebe zu, nicht immer durch die Werke unseres Experten zu derart interessanten wissenschaftlichen Fragestellungen angeregt worden zu sein, es sei denn, man stellt sich die Frage, warum er die von Weil geklauten und dann paraphrasierten historischen Ausführungen ständig mit seinen eigenen oder auch aus *Tausendundeiner Nacht* gestohlenen sexuellen Phantasien beziehungsweise Geschichtchen anreichert. Nur einige wenige Beispiele, alle aus seinen *Großen Kalifen*:

- Wenn es bei Weil (S. 185) heißt, die Mörder des Kalifen Othman »stürzten sich in die Schatzkammer und plünderten sie aus«, wird daraus bei Konzelmann (S. 77): »Die Masse der Aufrührer interessiert sich am Tage des Kalifenmords hauptsächlich für das Schatzgewölbe und für die Mägdekammern.«
- Bei Weil (S. 253) hat Konzelmann gelesen, daß der Kalif Ali, der Begründer der Schiiten, neun Frauen und 19 Sklavinnen besessen habe, woraus Weil – aus dem Blickwinkel des 19. Jahrhunderts – schloß, »daß Ali keineswegs so unempfänglich für irdische Freuden war, wie seine Panegyriker (Lobredner; G. R.) behaupten.« Dies regt Konzelmann (S. 101) zu folgender Formulierung an: »Daß er in Dingen der Moral ein Heuchler gewesen war, nahmen ihm nur wenige übel: Sein Privatleben, das er geschickt zu verbergen wußte, hatte sich auf Erotik konzentriert.« Nur unser Nahostexperte hat also in dieses verborgene Privatleben blicken dürfen.
- In einer langen Anmerkung (S. 267f.) übersetzt Weil eine Reihe von Überlieferungen über die angebliche Ermordung Hasans, des ältesten Sohnes des Kalifen Ali, und kommt dann aber – richtig – zu dem Schluß, daß alle diese Überlieferungen als unhistorisch und

als schiitische Propaganda-Erzählungen zu bewerten sind. Das stört Konzelmann nun gar nicht. Im Gegenteil, er sucht sich aus den Überlieferungen auch noch die pikanteste heraus, nämlich jene, wonach Asma, eine der Frauen Hasans, diesen mit einem vergifteten Handtuch ermordet haben soll. Bei Weil (S. 267) ist dazu zu lesen: »... Asma bewahrte das Tuch auf und gab es Hasan, als er eines Tages sie umarmt hatte, und sobald er sich damit abtrocknete, drang das Gift in seinen Körper und tötete ihn.« Aber auch dies ist Konzelmann noch zu jugendfrei, und er formuliert (S. 104): »... reichte sie ihrem Mann nach der körperlichen Vereinigung das Tuch, damit er sich säubere. Das Gift, mit dem es präpariert war, drang durch das Glied ins Blut. Hasan starb.« Der bereits geäußerte Verdacht über eine mögliche ausgeprägte Kastrationsangst des Experten scheint doch nicht unbegründet.

- Wenn Weil über das Sexualleben eines Kalifen nun wirklich nichts mehr hergibt, weicht unser Experte in die Märchen aus *Tausendundeiner Nacht* aus. So mutmaßt Konzelmann an einer Stelle (S. 106), daß Mu'awija, der fünfte Kalif, nur geringe Kenntnis vom Irak gehabt habe (was historischer Blödsinn ist) und sich deshalb einmal »dazu durchgerungen« habe, »einen Mann aus dem Gebiet an Euphrat und Tigris zu empfangen. Der Kalif wollte sich über die Denkweise der Menschen dort informieren.« Das hat sich Konzelmann zunächst einmal selbst zusammengesponnen, doch dann läßt er den Kalifen, um die »Denkweise« (!) dieser Menschen zu ergründen, fragen – und dies ist nun verkürzt wörtlich aus den Märchen aus *Tausendundeiner Nacht* (vgl. dort Bd. 1, S. 657): »›Wie hältst du es, Mann aus dem Irak, mit deiner Frau?‹ Diesmal kam die Antwort nur zögernd: ›Ich rede mit ihr, berühre sie dann, bis sie Verlangen empfindet. Dann lege ich sie auf den Rücken. Wenn mein Samen in ihrem Schoße ist, spreche ich die Worte: Allah segne den Samen und lasse kein Unheil aus ihm erwachsen. Dann wasche ich mich, erst die Hände, dann den Leib. Dann preise ich Allah (in *Tausendundeiner Nacht*: Gott; G.R.) wegen der Gnade, die er mir gewährt hat.‹« Konzelmanns eigene Worte sind dann wieder der Schluß des Geschichtchens: »Mu'awiya zeigte sich beeindruckt nach diesem Gespräch von den guten Sitten der Männer an Euphrat und Tigris.« Was hat »Denkweise« mit dieser Nullachtfünfzehn-Kopulation zu tun, fragt sich der kritische Leser. Gerade dem Kalifen Mu'awiya (er regierte in Damaskus von 661 bis 680), einem der brillantesten und intelligentesten Staatsmänner, die die frühe islamische Geschichte hervorgebracht hat, dies als »Denkweise« zu unterstellen, legt eher Zeugnis ab von der armseligen Denkweise des Autors dieses Unsinns.

- Mit Mu'awiyas Sexualleben hat Konzelmann wirklich seine Probleme, schreibt er doch auf Seite 128f.: »In seinen vielfältigen erotischen Beziehungen zu

Sklavinnen, Sängerinnen und Tänzerinnen war es ihm nur gelungen, einen einzigen Sohn zu zeugen.« Ja, Pech für unseren Experten, daß Weil nur diesen einen Sohn nennt. Frühe arabische Geschichtsschreiber wissen da anderes zu berichten. Werfen wir zum Beispiel einmal einen Blick in das umfangreiche Geschichtswerk des Baladhuri, eines der bedeutendsten arabischen Historiker des 9. Jahrhunderts. Dort hätte der Nahostexperte lesen können – wenn er Arabisch hätte lesen können –, daß Mu'awiya von einer Mekkanerin namens Fachita zwei Söhne (Abdarrahman und Abdallah) und eine Tochter (Hind) hatte, von ihrer Schwester Kanur eine weitere Tochter namens Ramla, ferner von einer namentlich nicht genannten Sklavin eine Tochter namens Safiya und schließlich von seiner Ehefrau Maisun (aus vornehmstem syrischen Stammesadel) noch eine Tochter mit dem schönen Namen Amat asch-Schariq (»Magd der aufgehenden Sonne«) und einen Sohn namens Yazid, der Mu'awiya in der Herrschaft folgte. Macht vier Töchter und drei Söhne! Die erstgenannte Frau, so läßt sich Baladhuris entsprechende Formulierung verstehen, war eine Sklavin, doch bleibt unklar, wie sie in den Sklavenstand geraten sein könnte, da sie zumindest väterlicherseits aus bestem mekkanischen Hause und damit aus demselben Stamm wie der Kalif selbst kam. Ihre Schwester Kanur wird übrigens nicht als Sklavin aufgeführt. Doch wie dem auch immer gewesen sei, daß Mu'awiya außerdem Beziehungen zu Sängerinnen und Tänzerinnen gehabt habe, wissen die arabischen Quellen im Gegensatz zu Konzelmann nicht zu berichten; es wäre auch kulturhistorisch recht ungewöhnlich, da die Sitte, Sängerinnen und Tänzerinnen am Hof auftreten zu lassen, erst später Usus wurde.

Ich habe dieses Beispiel einmal etwas ausführlicher dargestellt, nicht um den beckmesserischen Wissenschaftler herauszukehren, sondern um dem Leser einerseits einen ganz kleinen Eindruck zu vermitteln vom Reichtum der Informationen, den uns seriöse arabische Quellen erhalten haben, und um andererseits nochmals zu veranschaulichen, zu welchen Desinformationen das ganze ignorante Gekonzel führt.

Doch in dieser Konzel-Technik, teils von Weil und von den Märchen aus *Tausendundeiner Nacht* abschreibend, paraphrasierend und nicht gerade phantasievoll ergänzend (zum Beispiel auch S. 311: »... bewies ihre besondere Begabung in der Verwendung der Zunge«), teils eigenen unhistorischen Unsinn erfindend, hangelt sich der Experte durch die Schlafzimmer aller Kalifen, und die Beispiele ließen sich reichlich vermehren. Ich will hier jedoch, weil dem Leser mehrfach versprochen und in mehrfacher Hinsicht aufschlußreich, nur noch auf ein Sexgeschichtchen etwas näher eingehen, das am Hofe Harun ar-Raschids spielt und das Konzelmann in mehrere seiner Werke (auch in sein neuestes *Der Golf*) aufgenommen hat. Geklaut hat er es wieder aus der besagten Übersetzung von Enno Littmann, wo es (Bd. 3, S. 463f.) folgenden Wortlaut hat:

»Eines Nachts ruhte der Beherrscher der Gläubigen, Harun er-Raschid, zwischen zwei Sklavinnen, einer aus Medina und einer aus Kufa. Die Kufitin rieb ihm die Hände, während die Medinerin ihm die Füße knetete, so daß seine Ware sich aufrichtete. Da sprach die Kufitin zu ihr: ›Ich sehe, du willst mir das Kapital entziehen und es allein für dich haben; gib mir meinen Anteil daran!‹ Die Medinerin aber gab ihr zur Antwort: ›Mir überlieferte Malik nach der Aussage von Hischam ibn Urwa, der von seinem Vater über den Propheten wußte, daß er gesagt hat: Wenn jemand einen Sterbenden ins Leben zurückruft, so gehört der ihm und seinen Nachkommen.‹ Doch die Kufitin stieß ihre Mitsklavin unversehens zurück, ergriff die ganze Ware mit ihren Händen und sprach: ›Uns überlieferte al-A'masch nach der Aussage von Chaithama, der von Abdallah ibn Mas'ud über den Propheten wußte, daß er gesagt hat: Das Wild gehört dem, der es fängt, nicht dem, der es aufstört.‹

Und ebenso wird erzählt:

Einst ruhte der Kalif Harun er-Raschid mit drei Sklavinnen, einer aus Mekka, einer aus Medina und einer aus dem Irak. Da streckte die Medinerin ihre Hand nach seiner Rute aus und brachte sie dazu, daß sie sich erhob. Aber die Mekkanerin sprang auf und zog sie an sich. Nun rief die Medinerin: ›Was für ein Eingriff in meine Rechte ist dies? Mir überlieferte Malik nach der Aussage von az-Zuhri, der von Abdallah ibn Salim gehört hatte, wie Salim nach Sa'id ibn Zaid berichtete, daß der Gesandte Allahs – Er segne ihn und gebe ihm Heil! – gesagt hat: Wer totes Land lebendig macht, dem gehört es.‹ Doch die Mekkanerin erwiderte: ›Uns überlieferte Sufjan nach der

Aussage von Abu ez-Zinad, der von el-A'radsch gehört hatte, wie Abu Huraira berichtete, daß der Gesandte Allahs – Er segne ihn und gebe ihm Heil! – gesagt hat: Das Wild gehört dem, der es fängt, nicht dem, der es aufstört.‹ Da stieß die Irakerin beide weg und rief: ›Dies gehört mir, bis euer Streit entschieden ist.‹«

Diese beiden Geschichtchen hat nun Konzelmann in seinem Sachbuch *Die großen Kalifen* zu einem vergoren, das sich dann folgendermaßen liest (S. 242):

»In der Erinnerung seiner Hofchronisten (! G.R.) blieb haften, daß er sich einmal zwischen zwei Sklavinnen nicht entscheiden konnte. Er fragte die Mädchen: ›Bei welcher von euch beiden soll ich Lust verspüren heute Nacht?‹ Da jede mit diesem Vorzug ausgezeichnet sein wollte, begann ein kurzes Wortgefecht. Die eine sagte: ›Nach dem Koran (! G.R.) gehört diese Nacht mir, denn es steht aufgezeichnet: Wer zuerst kommt, der kommt zuerst.‹ Doch auch die zweite Sklavin hatte einen Koranspruch bereit: ›Das letzte paßt besser zu dir als das erste.‹ Nach diesem Disput mit Worten des Propheten habe sich, so wird erzählt, Harun al Raschid in jener Nacht für beide Frauen entschieden. Die eine der Frauen stammte aus Medina, die andere aus Kufa im Irak, so wird erzählt. Als der Kalif mit den zwei Frauen auf den weichen Teppichen lag, griff die Sklavin aus Mekka (! G.R.) nach seinem Glied, und es richtete sich auf. Da stieß das Mädchen aus Kufa die Sklavin aus Mekka weg und wollte ebenfalls nach dem Glied greifen, doch die aus Mekka sprach: ›Der Gesandte Allahs – Er segne ihn und gebe ihm Heil – hat gesagt: Wer totes Land lebendig macht, dem gehört es.‹ Doch auch die Frau aus Kufa wußte einen Spruch des Propheten Mohammed: ›Das Wild gehört dem, der es fängt, nicht dem, der es aufschreckt.‹«

Das Musterbeispiel eines Konzelats! Zunächst einmal ist der Stil Konzelmanns wesentlich schlechter als die Originalübersetzung von Littmann. Dann – eine Kleinigkeit – wird plötzlich aus einer Sklavin aus Medina eine solche aus Mekka. Schwerwiegender ist schon, daß er als Quelle seiner Weisheit »Hofchronisten« nennt, was wohl dem Leser nochmals veranschaulichen soll, welche »bestechenden historischen Erkenntnisse« »der intimste Kenner Arabiens« aus »bislang nicht bekannten Korrespondenzen aus den Kanzleien des Propheten und der Kalifen« gewonnen hat. Doch damit nicht genug: Konzelmann erdichtet selbst die beiden geradezu genial aussagekräftigen Koranverse: »Wer zuerst kommt, der kommt zuerst« und »Der letzte paßt besser zu dir als der erste«. Um die Tragweite eines solchen Schwachsinns ermessen zu können, bedarf es jedoch einiger islamkundlicher Erläuterungen.

Die beiden schriftlichen Hauptquellen für jegliche islamische Rechtsfindung sind einerseits der Koran als das in der Vorstellung des Muslims buchstabengetreue, auf ewig unveränderbare Wort Gottes, für dessen Übermittlung der Prophet Mohammed lediglich als Medium diente, und andererseits der Hadith, das heißt die subjektiv menschlichen Aussagen und Handlungen des Menschen Mohammed in seinem gesellschaftlichen Umfeld. Letzteres, der Hadith, auch Sunna genannt, ist in fünf umfangreichen kanonischen Sammelwerken schriftlich fixiert erhalten. Hinzu kommt eine große Anzahl von apokryphen Hadith-Sammlungen und einzelnen Hadith-Zitaten in allen arabischen Literaturgattungen. Schon früh waren sich die muslimischen Araber darüber im klaren, daß viele dieser Hadithe nicht wirklich von Mohammed herrührten, sondern später erfunden wurden, das heißt da'if, »schwach«, waren. Der überwiegende Teil gilt ihnen jedoch heute noch als authentisch, und die westliche Orientalistik rückt aufgrund neuer Forschungserkenntnisse immer weiter davon ab, dies grundsätzlich in Zweifel zu ziehen.

Nun hatten die islamischen Muhaddithun, das heißt die Hadith- und Rechtsgelehrten, bereits in frühislamischer Zeit nicht nur Bewunderer auf ihrer Seite, sondern auch spöttische Kritiker gegen sich, die sich darüber lustig machten, daß ihnen zu jeder passenden oder unpassenden Gelegenheit ein (echtes oder erfundenes) Hadith einfiel, um ihre jeweilige Ansicht zu untermauern. Und genau dieser Spott ist der kulturgeschichtliche Inhalt der beiden *Tausendundeine Nacht*-Versionen der obigen Geschichte. Es ging dem anonymen Autor (oder: den Autoren) nicht darum, den Kalifen Harun ar-Raschid als Sexualprotz darzustellen, sondern allein darum, derlei Hadith-Argumentationen dadurch besonders ad absurdum zu führen, daß man sie auch von lüsternen Sklavinnen führen ließ. Dieser kulturgeschichtlich gewiß interessante Hintergrund ist unserem Nahostexperten Konzelmann leider verborgen geblieben. Er kannte offensichtlich den Unterschied zwischen Koran, dem Wort Gottes, und Hadith, dem Wort des Propheten, gar nicht. Mit Koranworten, zumal erfundenen, in einer solch banalen Geschichte zu spielen, würde keinem Muslim in den Sinn kommen. Er würde es als Blasphemie empfinden.

Konzelmanns Absicht, die er mit diesen zahllosen banalen und unhistorischen Sexgeschichtchen, die sich wie ein roter Faden durch viele seiner Machwerke, pardon: Sachbücher, ziehen, ist offenkundig. Einerseits hofft er – vielleicht zu Recht –, damit die Auflagenhöhe seiner Bücher zu steigern, andererseits geht es ihm aber schlicht um die Wiederbelebung und Bestätigung eines uralten Vorurteils in Europa gegenüber der islamischen Welt im allgemeinen und gegenüber der arabischen Welt im besonderen. Damit ich nicht mißverstanden werde: Die Einstellung zu Erotik und Sexualität in einer bestimmten Kultur oder Religion ist zum Verständnis eben dieser Kultur außerordentlich wichtig. Und die Einstellung zur Sexualität war im islamischen Raum in mancherlei Hinsicht vielfach realistischer und unverkrampfter als in der über Jahrhunderte gepredigten Lust- und Geschlechtsfeindlichkeit im ach so christlichen Abendland. Dies aber völlig unrelativiert – zum Beispiel ohne jeden Hinweis auf die Praxis in Königshäusern und Klöstern im mittelalterlichen Europa – und in einer Weise darzustellen, wie Konzelmann es tut, muß beim Leser den Eindruck hinterlassen, außer Sex (und Gewalt, wie wir gleich sehen werden), hatten die Araber nichts im Kopf, waren eben »allein ihrer Sexualität unterworfen«. Und das ist das Perfide.

Unter Tyrannen und Mördern

Konzelmanns Araber-Feindbild

Tyrannen waren sie alle.« Diesen Werbetext für Konzelmanns Kalifen-Buch haben wir bereits kennengelernt. Im Klappentext zu einem anderen Werk des Experten, nämlich seinem *Allahs neues Weltreich*, weiß er es noch besser: »Der große Kenner der arabischen Szene zeigt Entwicklungen auf, die in ihrer ungeheuren Tragweite nur zu erahnen sind. Für 130 Millionen Araber ist in ihrem politischen Kampf der islamische Glaube die Ideologie ihres Handelns. Für die Erreichung dieses Ideals sind sie bereit, zu ›Märtyrern‹ und Mördern zu werden.«

Als ich dies zum ersten Male las, schwoll mir vor Wut der Kamm oder – um im Orient zu bleiben – ging ich auf die Palme. Bevor ich zu einer solchen rassistischen Unterstellung aber mein abschließendes Urteil fälle, möchte ich dem Leser einige Konzelate zum besten geben, mit denen unser Experte seine Meinung untermauert. Nachdem ich, wie ich bei einem ersten Vergleich des Umfangs der Kapitel dieses meines Buches betrübt feststellte, Konzelmanns islamischen Sex-Visionen etwas zu viele Seiten eingeräumt habe, möchte ich seine islamischen Crime-Ängste etwas kürzer fassen und nur einige wenige Beispiele anführen, eines aus seinem neuesten Werk *Der Golf* und einige weitere aus seinem Kalifenbuch.

In seinem Golfbuch (S. 108) versetzt sich Konzelmann in die seelische Verfassung Mohammeds kurz vor dessen Tod und reimt sich folgenden unhistorischen Unsinn zusammen: »Er fürchtete, daß nach seinem Tod der Islam die aggressive (! G.R.) Kraft verlieren könnte. Die Frage stellte sich ihm: ›Mit wem unter den Arabern wird Allah sprechen, wenn ich nicht mehr da bin?‹« Abgesehen von der »aggressiven Kraft« des Islam, womit Konzelmann dem landläufigen Vorurteil wieder einmal nach dem Mund redet, ist die Frage, die sich Mohammed angeblich gestellt hat, »mit wem unter den Arabern Allah« nach seinem Tod sprechen wird, geradezu eine Karikierung des islamischen Grundverständnisses, wonach Mohammed als »Siegel der Propheten« der letzte Mensch war, der Gottes Offenbarung empfangen hat. Gegenteiliges ist weder dem Koran noch dem Hadith zu entnehmen.

In Konzelmanns Kalifenbuch kann man unter anderem auf Seite 91 über die ersten kriegerischen Auseinandersetzungen zwischen den Anhängern des vierten Kalifen Ali und seinem Gegenspieler Mu'awiya, dem damaligen Statthalter von Damaskus, in der Mitte des 7. Jahrhunderts lesen: »Die Männer ritten weg von ihren Feldern, von ihren Werkstätten, dem Abenteuer entgegen.« Stop. Dies ist zunächst einmal der blankeste Blödsinn. Die arabischen Heere setzten sich damals nämlich in erster Linie aus Beduinen zusammen, die weder Felder bestellten noch Werkstätten betrieben, sondern ständig nach Weidegründen für ihr Vieh – vor allem Ziegen, Schafe und Kamele – suchten. Doch Konzelmann weiter: »Die Hoffnung auf Beute trieb sie tausende von Kilometern weit durch die Wüste.« Stop. Ja, sie kamen aus der Wüste, oder besser gesagt aus der Steppe; denn wo wirklich Wüste ist, da ist nun eimal Wüste, und da gibt es auch für das Vieh nichts zu fressen; und Tausende von Kilometern durch die Wüste mußten sie schon gar nicht ziehen, da sich Mu'awiyas Heer für die Entscheidungsschlacht am Euphrat im wesentlichen aus Stämmen zusammensetzte, die unmittelbar südlich und südwestlich der Kampfstätte ihre Weidegründe hatten, und Alis Truppen bestanden hauptsächlich aus Stammeseinheiten, die bereits in den Irak eingewandert waren, von wo sie den Euphrat hinauf – und nicht »durch die Wüste« – zogen. Daß ferner »die Hoffnung auf Beute« die islamisch-arabischen Kämpfer motiviert habe, trifft zwar gewiß für manchen Kämpfer während der Eroberungskriege zu, war aber gerade in dieser innerislamischen Auseinandersetzung sicherlich kein Motiv. Doch halten wir uns nicht mit solchen »Kleinigkeiten« auf, sondern lesen weiter bei Konzelmann: »Fanatische Moslems gaben religiöse Parolen für die Feldzüge aus. Sie lieferten damit eine gern akzeptierte Entschuldigung für die Barbarei. Im Rausch des Sieges bot die Religion den moralischen Vorwand, unter dem Totschlag, Vergewaltigung und Raub als allahgefällige Werke verbrämt werden konnten.«(!) Man muß besonders den letzten

Satz mehrmals lesen, um die ganze Ungeheuerlichkeit, die er zum Ausdruck bringt, zu begreifen. Mehrfach warnt der Koran vor Exzessen im Kampf. Und auch Vergewaltigung als »allahgefällig« (was für eine Wortschöpfung!) zu bezeichnen, ist so unhistorisch wie geschmacklos.

Es ist bezeichnend, daß die zitierten Ausführungen Konzelmanns über die Gefühlslage der beiden Heere wirklich völlig auf seinem eigenen Mist gewachsen sind. Gustav Weil, den er ja sonst so eifrig abkupfert, äußert sich dazu folgendermaßen (Bd. I, S. 222):

»... kam es doch noch immer zu keiner Schlacht, weil beide Heere sich scheuten Krieg zu führen, wo, wie bei den bisherigen Kriegen gegen Ungläubige, weder Aussicht auf Beute noch Hoffnung auf das Paradies durch den Märtyrertod Liebe, Mut und Vertrauen zum Kampfe einflößten. Trotz aller Reden Ali's und Muawia's, welche den Kampf als einen heiligen, für eine gerechte Sache geführten darzustellen suchten, fühlten doch die Truppen, daß sie hier mehr für herrschsüchtige Menschen, als für das Wohl des Volkes, oder für den Glauben kämpfen sollten. Beide Heere folgten ihren Häuptern auf das Schlachtfeld..., aber mit dem Wunsche und der Hoffnung auf einen friedlichen Vergleich.«

Das ist nun genau das Gegenteil dessen, was unser Experte zum besten gibt. Und warum tut er das? Weil er die »allahgefälligen« Handlungen »Totschlag, Vergewaltigung und Raub« für sein Feinbild braucht. Wie sagte doch der Meister in der *Quick*: »Ich habe den Islam für alle verständlich gemacht.«

Selbst dort, wo Gustav Weil durchaus gewalttätige Begebenheiten berichtet, fühlt Konzelmann sich bemüßigt, diese noch um einige Grade drastischer zu gestalten. So hat Weil (Bd. I, S. 310, Anm.1) von dem arabischen Geschichtsschreiber Tabari im Zusammenhang mit einer Hinrichtung im 7. Jahrhundert unter anderem folgenden Satz übersetzt: »Ubeid Allah ließ sie hinrichten und warf ihre Köpfe zur Burg hinab unter das Volk, worauf die Masse bestürzt auseinander ging.« Das war Konzelmann nun doch zu prosaisch, und er formuliert (S. 111f.): »Der Henker hatte sein Opfer so aufgestellt, daß der Kopf nach dem Hieb der Waffe in hohem Bogen davonflog und mitten unter die Menschenmasse fiel.«

Ein anderes Beispiel: Gustav Weil (Bd. I, S. 316ff.) übersetzt zur Ermordung von Alis Sohn Husain einige Passagen aus einem Bericht Tabaris, obwohl dieser Bericht, wie Weil richtig vermerkt, »wenig Glauben verdient«. Darin wird unter anderem erzählt, »daß ihm (das heißt Husain; G.R.) ein Kind, das noch in der Wiege lag, auch getötet ward.« Ein anderes Kind Husains, das krank war, sei dagegen sogar von einem der Angreifer aus dem Gefecht gerettet worden. Den Frauen Alis und seinen Gefährten sei nichts geschehen, und sie wurden zunächst nach Kufa gebracht. »Umm Kolthum, eine Tochter Huseins, welche sah, wie die Kufaner bei ihrem Einzuge weinten, sagte ihnen: ›Warum weinet ihr? Etwa unseretwillen? Ihr habt uns doch durch Briefe und Boten hierhergelockt, dann dem Feinde überliefert und getötet, wie wollt ihr uns jetzt wieder beweinen?‹«

Dies regt unseren Experten zu folgendem Konzelat an (S. 114ff.): »... Die Frauen waren hilflos den Angreifern preisgegeben; sie mußten zusehen, wie ihre Kinder im Sand zertreten (!) wurden... Die Gier nach Blut vernebelte die Hirne (!)... Der Kalif Jezid hatte gehofft, mit der Liquidierung Huseins die Konkurrenten um die Macht beseitigt zu haben. Doch er machte, in einer Anwandlung von Milde (!), einen taktischen Fehler (!). Zunächst ließ er zu, daß die malträtierten (!) Frauen aus Alis Familie nach Kufa gebracht wurden. Der Anblick der zerschundenen (!) Kreaturen beeinflußte die Stimmung der wankelmütigen (!) Gemüter sofort. Die Menschen, die der Gruppe der vor Schwäche taumelnden (!) Frauen zusahen, begannen zu weinen. Schließlich schrien sie auf in furchtbarer Hysterie (!). Die Frauen am Straßenrand zerkratzten sich die Brüste (!). Zum erstenmal sind die gellenden tierischen (!) Schreie zu hören, die seither Jahr für Jahr Huseins Todestag begleiten. In selbstquälerischen (!) Posen, in Verrenkungen kauerten Männer und Frauen am Boden... Eine der Töchter des Husein wunderte sich: ›Warum weint ihr? Etwa wegen uns? Ihr habt uns durch Briefe und Boten hierhergelockt. Dann habt ihr selbst unsere Männer getötet. Jetzt heult ihr wieder.‹«

Konzelmanns Elaborat bietet – ich habe dies durch Ausrufungszeichen hinter bestimmten Wörtern und Formulierungen gekennzeichnet – geradezu einen Katalog für das gesamte Feindbildregister, das sich das christliche Abendland über die Jahrhunderte hinweg gegenüber der islamischen Welt zurechtgelegt hat: Brutalität, Unzuverlässigkeit, Geilheit, Irrationalität, Hysterie.

Nun, ich habe versprochen, dieses unappetitliche Kapitel nicht zu lang werden zu lassen, obwohl es nicht nur im Kalifen-Buch, sondern auch in den anderen von mir überflogenen Werken des Meisters von entsprechenden und meist an den Haaren herbeigezogenen Darstellungen der Aggressivität und Brutalität der Araber nur so wimmelt. So erfährt man, um nochmals bei den *Großen Kalifen* zu bleiben, zum Beispiel (S. 128): »Den Kalifen in Damaskus waren die Lebensnormen der Wüste fremd geworden – wenn sie auch die Neigung zur Brutalität in die Stadt mitgebracht hatten.« Oder (S. 144): »Der zehnjährige Junge sah den toten Othman liegen; er sah, wie das Blut im Sand versickerte. Dieses Bild, so sagte er oft, werde er nie in seinem Leben vergessen. Seit jenem 17. Juni (im Jahre 656! G.R.) wußte er, wie rasch Emotionen in Brutalität ausarten können. Vertrauen in das arabische Volk konnte er nicht fassen…« Reine konzelmannsche Phantasterei! Oder (S. 165): »Die Araber zeigten, daß sie menschlich handeln konnten. Langsam verblaßte die Vorstellung (gemeint ist in Spanien; G.R.), die Eroberer äßen gekochte Christen.« Ein Kommentar dazu erübrigt sich.

Auf der Rückseite des Ende 1991 wieder – ich weiß nicht zum wievielten Male – neu aufgelegten Kalifen-Buches Konzelmanns lautet dann die Quintessenz: »Sie regierten oft grausam und rücksichtlos, und nur selten starben sie eines natürlichen Todes. Ihre Feinde beseitigten sie mit Gift, erdolchten sie oder ließen sie durch bestochene Sklavinnen mit einem Kissen ersticken. Gerhard Konzelmann, einer der intimsten Kenner Arabiens, erzählt die atemberaubende Geschichte...«

Ja, atemberaubend. Doch was einem den Atem nimmt, ist die Dreistigkeit, mit der »einer der intimsten Kenner Arabiens« nicht nur penetrant ständig abschreibt, sondern das Abgeschriebene auch noch verfälscht, um »allen den Islam verständlich« zu machen, was bei ihm aber heißt: um allen den Islam als finstere Ausgeburt perversester Brutalität darzustellen.

Die wenigen Beispiele, die ich aus Konzelmanns Kalifen-Buch dafür zitiert habe, spielen alle in der zweiten Hälfte des 7. und in der ersten Hälfte des 8. Jahrhunderts, also in jener Zeit, in der die Kalifendynastie der Omajjaden in Damaskus regierte. Inmitten des christlichen Abendlandes herrschten damals die Merowinger. Diese pflegten heranwachsende Rivalen, gleichgültig ob Söhne, Brüder oder sonstige nähere männliche Verwandte, in der Regel dadurch auszuschalten, daß sie ihnen eigenhändig die Schädel spalteten – zumindest einmal sogar mit einer Axt in der Sakristei einer Kirche. Auf dieses Brauchtum christlicher Herrscher hinzuweisen, hätte unserem Experten zur Relativierung gut angestanden. Da er aber nur »einer der intimsten Kenner Arabiens« und nicht des mittelalterlichen Abendlandes ist, weiß er dies wahrscheinlich gar nicht. Schließlich mußte ich auch erst meinen Bruder Ekkehart fragen, der über derlei grausame Dinge an der Universität Frankfurt forscht, wie es unsere berühmten mittelalterlichen christlichen Vorväter mit der Humanität hielten. Und was ich erfuhr, bestärkte mich in der Gewißheit, daß die muslimischen Araber zu jener Zeit im Vergleich zu unseren christlichen Ahnen geradezu Barmherzigkeit predigende Waisenknaben waren.

Aber das hätte nicht in Konzelmanns Feindbild gepaßt. »Nur selten starben sie (die Kalifen) eines natürlichen Todes.« Und fein säuberlich listet er dann am Ende seines Kalifen-Buches die Kalifen auf und vermerkt jeweils hinter dem Namen, wer eines natürlichen Todes gestorben ist und wer ermordet wurde. Doch sehen wir uns diese Liste für die Kalifendynastie der Omajjaden einmal etwas genauer an: Von den 13 Kalifen der Dynastie sind nach Konzelmann immerhin acht eines natürlichen Todes gestorben (von wegen »nur selten«!). Bleiben fünf ermordete übrig: Mu'awija II., Marwan, Omar II., Walid II. und Marwan II. Fangen wir von hinten an! Marwan II. wurde tatsächlich umgebracht, und zwar von Anhängern der Abbasiden, die die Omajjaden-Dynastie stürzten und ihnen nachfolgten. Auch Walid II. wurde ermordet, und zwar von Gegnern aus der eigenen Familie. Bezüglich Omar II. gibt es zwar eine Überlieferung, daß er von seinem Nachfolger vergiftet worden sei, doch stehen dem andere Überlieferungen entgegen, die einen normalen Tod vermuten lassen; eine Auffassung, die heute von der Wissenschaft weitgehend geteilt wird. Daß der fast siebzigjährige Marwan ermordet worden sein soll – nach Konzelmann von seiner

Frau mit einem Kissen! –, gehört dann wirklich ins Reich der Legende; er starb nämlich an der Pest, die zur betreffenden Zeit in Syrien grassierte. Und Mu'awija II. schließlich, den, so Konzelmann, die eigene Familie vergiftet hat, war, wie die Quellen berichten, von sehr schwacher körperlicher Konstitution und verstarb im Alter von etwa 20 Jahren an Gelbsucht. Mit Sicherheit kann demnach nur angenommen werden, daß zwei von 13 Kalifen dieser Dynastie umgebracht worden sind.

Damit will ich gar nicht leugnen, daß es in der arabischen wie in unserer eigenen Geschichte immer wieder einmal grausamere Epochen gegeben hat. Das Beispiel der Omajjaden-Kalifen ist aber gerade ein Beleg dafür, daß es auch in der arabischen Geschichte schon früh relativ humane Zeiten gab. Konzelmanns völlig undifferenzierte Betrachtungs- und Darstellungsweise muß jedoch beim uninformierten Leser den Eindruck hinterlassen, in der arabischen Welt hätten sich zu allen Zeiten nur Mörder herumgetrieben.

Damit sind wir nochmals bei der eingangs dieses Kapitels zitierten Behauptung aus einem Klappentext Konzelmanns, wonach »130 Millionen Araber... bereit sind, zu ›Märtyrern‹ und Mördern zu werden«. Aus zweierlei Gründen erboste mich diese Unverschämtheit doch gewaltig. Zum einen, weil seit dem Jahr 1986, als diese Weisheit zum ersten Mal auf dem Rückumschlag von Konzelmanns *Allahs neues Weltreich* zum besten gegeben wurde, kein deutscher Staatsanwalt sich bemüßigt gefühlt hatte, wegen Volksverhetzung gegen Konzelmann vorzugehen. Zum anderen ermittelte aber seit

Dezember 1990 die Staatsanwaltschaft in Mainz, der Hauptstadt des Bundeslandes Karneval, gegen mich, weil ich es gewagt hatte, meiner friedliebenden Grundüberzeugung dadurch Ausdruck zu verleihen, daß ich in einer Presseerklärung – ich war damals noch Abgeordneter der Grünen im rheinland-pfälzischen Landtag – den amerikanischen GIs empfohlen hatte, sich lieber aus der Army zu verabschieden, als sich an dem vorauszusehenden High-Tech-Massenmord am Golf zu beteiligen.

Bei Kaffee und Wasserpfeife

Konzelmanns erheiternder Unsinn

Der Eigenanteil Konzelmanns an seinen von mir durchgesehenen Werken besteht jedoch – dies sei anerkennend hervorgehoben – nicht nur aus rassistischen Vorurteilen. Wenn sich der kritische Leser über diese auch noch so ärgern mag, wird er nämlich immer wieder versöhnlich gestimmt – und zwar durch den wirklich erheiternden Unsinn, den dieser Experte allenthalben zum besten gibt und der ja in manchem bereits angeführten Zitat aufblitzte. So wollen wir uns denn nun zumindest an einigen wenigen Kleinoden aus dieser umfangreichen Schatzkammer unseres Ali Baba ergötzen.

Über Mohammeds Angewohnheit, sich gerne zur Meditation in die Einsamkeit des Berges Hira bei Mekka zurückzuziehen, wo er dann auch die erste Offenbarung empfing, meditiert Konzelmann seinerseits (*Mohammed*, S. 18): »Er hätte sich hinaustragen lassen können von seinen Dienern zum Hügel Hira, hätte sich dort Zelte aufstellen lassen können und bequeme Sitzmöbel – keiner hätte sich darüber gewundert...« Und wie sich die Mekkaner darüber gewundert hätten! Hier muß Konzelmann, der gewiß weit in der Welt herumgekommen ist,

Arabien mit irgendeinem anderen Landstrich verwechselt haben. Oder sollte er, immerhin der intimste Kenner Arabiens, dort einmal beobachtet haben, wie jemand in einer Sänfte durch die Wüste getragen wurde? Auch die Sache mit den bequemen Sitzmöbeln erscheint doch etwas problematisch. Mit der Bestuhlung der Bürgerhäuser im damaligen Mekka war es nämlich nicht weit her, und falls Konzelmann unter bequemen Sitzmöbeln gar Sofas verstehen sollte, so hat er kulturgeschichtlich einige Jahrhunderte locker übersprungen. Auch waren die damaligen Transportmittel, also Kamele und Esel, denkbar ungeeignet für jede Art von Sofatransporten.

Wenige Zeilen weiter ist dann zu lesen: »Als schwärmerischer Träumer galt Mohammed, als Mann, von dem zu erwarten war, daß er seine Mitmenschen demnächst mit hymnischen Poesien unterhalten – oder langweilen würde.« Nach dem Brockhaus ist Hymne ein »feierlicher, bes. relig. Gesang«; daß die heidnischen Mekkaner dergleichen gekannt hätten, wissen auch die ältesten Quellen nicht zu berichten, das heißt, sie haben gewiß nichts dergleichen von Mohammed erwartet. Der Schlenker » – oder langweilen würde« ist dann wieder eine kleine Bosheit unseres Experten, die er sich hin und wieder einfach nicht verkneifen kann und die man ja vielleicht noch mit einem gequälten Seufzer hinnehmen könnte, wären darunter nicht auch solche wie wenige Seiten später (S. 23) diese: »Nicht immer folgen die Berichte (gemeint sind die arabischen Geschichtsschreiber; G.R.) der Logik unserer Denkkategorien; sie gehorchen eigenen Gesetzen – in vielem entsprechen sie dabei der Denkweise des Propheten.« ›Nicht ganz dicht im Kopf‹ ist eindeutig die Botschaft, die Konzelmann hier rüberbringen will – auch ein gern gebrauchtes Stichwort aus seinem Feindbildregister.

Doch kehren wir wieder zu den erheiternden Aspekten zurück. Da schreibt er doch (S. 19) über das Tal, in dem Mekka liegt: »... ein Hitzekessel, nicht eigentlich geschaffen, um Menschen zu beherbergen. Und trotzdem hatten die Bewohner das Gefühl, sich räumlich ganz nahe beim Paradies zu befinden, das irgendwo hinter den Bergen liegen mußte.« Die Gefühlswelt der heidnischen Mekkaner muß Konzelmann schon sehr vertraut gewesen sein. Leider hatten sie aber, nach allem was wir wissen, überhaupt keine Paradiesvorstellungen, und daß sie dieses Paradies, wenn sie es sich denn vorgestellt hätten, hinter den die Stadt Mekka umgebenden Bergen vermutet hätten, ist bei den Mekkanern, die mit ihren Handelskarawanen bis Äthiopien, Syrien und in den Irak zogen, doch recht unwahrscheinlich. Hier folgt wohl Konzelmann eher den »Denkkategorien« der sieben Zwerge hinter den sieben Bergen.

Ein wunderschönes Konzelat ist dem Meister auch auf Seite 219 gelungen. Er geht dabei von einer Information aus meiner Ibn-Ishaq-Übersetzung (S. 204) aus, die in dürren Worten lautet: »Sobald die Mekkaner davon hörten (das heißt vom Vorrücken Mohammeds mit seinen medinensischen Anhängern auf Mekka; G.R.), verließen sie die Stadt, um ihm den Einzug nach Mekka zu ermöglichen.« Daraus hat nun Konzelmann in seinem Sachbuch folgendes literarische Kunstwerk gestaltet:

»Daran aber hatten die Moslems nicht gedacht, daß Mekka bei ihrer Ankunft menschenleer und verlassen vor ihnen liegen würde. Niemand war auf den Straßen zu sehen, aber ganz offensichtlich befand sich auch kein Mensch in den Häusern. Die Kinder, die sonst Tag für Tag im Schatten der Hauswände spielten, waren verschwunden. Nicht einmal die Esel waren, wie gewohnt, an der Haustüre angebunden. Mohammed war bestürzt: Die Bewohner von Mekka wichen vor ihm aus. Seine Männer hatten bald entdeckt, wo sich die Männer, Frauen, Kinder und Haustiere befanden. Sie standen auf den Hügeln, die Mekka umgeben, und blickten herunter auf die Pilger aus Medina, von denen ein gutes Hundert zu ihren engsten Verwandten zählte.« Wie man sieht, gibt sich Konzelmann alle Mühe, die angestrebte Seitenzahl mittels unhistorischer und unsachlicher Banalitäten zu erreichen.

Doch verlassen wir sein Mohammed-Buch und blicken auch einmal in einige andere Werke des Meisters! Nicht daß das Mohammed-Buch nicht noch viel mehr Erheiterndes zu bieten hätte, nein, doch sollte beim Leser nicht der Eindruck entstehen, daß Konzelmanns andere Sachbücher, mit denen er »allen den Islam verständlich gemacht« hat, frei von derlei erquickendem Unsinn seien.

Daß der Experte zumindest zwei Koranverse erfunden hat, haben wir ja schon erörtert. Daß er auch sonst nicht sehr koranfest ist, beweist der Nahostexperte zum Beispiel in seinem Buch *Allahs neues Weltreich*. Dort erkühnt er sich auf Seite 29 zu der Feststellung: »Der Koran weist den Gläubigen an, täglich fünfmal zu beten.« Wahr ist, daß die Zahl der täglichen Gebete im Koran überhaupt nicht erwähnt ist, sondern erst später festgelegt wurde. Schon eine Seite weiter stellt er kategorisch fest: »Der Koran verpflichtet zur Einhaltung der Regeln der Enthaltsamkeit während der Tage des Fastenmonats Ramadan.« Leider taucht der Name des Monats Ramadan im Koran überhaupt nur einmal auf, aber auch dann in völlig anderem Zusammenhang (Sure 2, Vers 185). Wenige Seiten später (S. 37) versteigt er sich dann zu einer gar nicht mehr lustigen, ja geradezu ungeheueren und durch nichts gestützten Diffamierung: »Mohammed hatte jedoch nie die Absicht, sich an die Vorschriften (die er in einem Vertrag mit den Medinensern ausgehandelt hatte; G.R.) zu halten.«

Doch bleiben wir noch einen Augenblick beim Koran beziehungsweise bei Konzelmanns Vorstellung von der Entstehung desselben. In der westlichen islamkundlichen Forschung ist unbestritten, daß es für etwa 20 Jahre nach dem Tode des Propheten noch keinen einheitlichen verbindlichen Korantext gab, wobei sich die Unterschiede allerdings in erster Linie in der Reihenfolge der Verse und Suren, in einzelnen Worten und in der Lesung einzelner Worte (das Arabische kannte damals noch keine Zeichen für die Selbstlaute) manifestierten. Dieses Problems sind sich übrigens auch die muslimischen Theologen bewußt. Der dritte Kalif, Othman, der von 644 bis 656 regierte, ließ dann, unter Rückgriff auf das vorhandene Material, eine kanonische Koransammlung zusammenstellen. In Konzelmanns jüngstem Werk *Der Golf* (S. 122) liest sich dies dann so: »Eine für alle gültige Version der Sammlung der Suren gab es damals nicht. Überliefert waren unterschiedliche Fassungen; fast jeder, der einst mit Mohammed zusammengewesen war, besaß seine eigene Version.« Wenn man sich bewußt macht, daß – und dies wissen wir aus den ältesten arabischen Quellen – die einzelnen Koranfragmente auf getrockneten Palmblättern, Lederstreifen, Knochen und wohl nur in den wenigsten Fällen auf kaum erschwinglichem Papyrus aufgezeichnet waren, wirkt die Vorstellung, »fast jeder, der einst mit Mohammed zusammengewesen war«, also doch einige Tausend Menschen, habe »seine eigene Version« besessen, einigermaßen belustigend – bei einer Analphabetenquote, die damals doch eher gegen 100 Prozent als in die umgekehrte Richtung tendiert haben dürfte.

Aber es sind ja noch viel edlere Perlen des Schwachsinns in den Bestsellern des Meisters aufzuspüren. Da zitiert er zum Beispiel in seinem Buch *Die Großen Kalifen* (S. 225) und daraus wieder entnommen in seinem Golf-Buch (S. 137), also in zwei sogenannten »Sachbüchern«, den folgenden angeblichen Ausspruch des Kalifen Harun ar-Raschid: »Bei Allah, es gibt weder im Osten noch im Westen eine Stadt, die glücklicher ist und reicher als Bagdad, die Residenz der Sonne der Araber.« Welch ein Juwel von einem Konzelat! Geklaut hat der Experte dies zunächst einmal von Gustav Weil (Bd. 2, S. 145, Anm. 1), der sich für diesen Ausspruch auf arabische Quellen berufen kann. Allerdings formuliert

Weil: »Bei Gott, es gibt weder im Osten noch im Westen eine glücklichere und reichere Stadt als Bagdad...« Soweit hat Konzelmann also ziemlich korrekt abgeschrieben, doch dann heißt es ernüchternd bei Weil: »... die Residenz der Söhne Abbas.« Mit den »Söhnen Abbas« sind die Söhne des Abbas gemeint, das heißt die Kalifen-Dynastie der Abbasiden, die von 750 bis 1256 in Bagdad regierte. Aus der »Residenz der Söhne Abbas« eine »Residenz der Sonne der Araber« zu konzelieren, ist geradezu ein Geniestreich, dient dies doch unserem »großen Kenner der arabischen Szene« dann gleich als Vorlage für den Titel des entsprechenden Kapitels in seinem Golf-Buch: *Harun ar-Raschid, der Sonnenkalif*. Ja, warum eigentlich nicht? Wenn die Franzosen ihren Sonnenkönig gehabt hatten, warum nicht auch die Araber ihren Sonnenkalifen? Historisch ist es zwar Unsinn, aber es klingt gut. Es hätte gewiß noch besser in einem Roman als in einem Sachbuch geklungen, und in der Tat findet sich dieses Konzelat auch in seinem Roman *Der Diwan des Harun al Raschid* (S. 58), doch wie seltsam: dort hat er zwar das Plagiat mit allerlei anderem Unsinn erweitert (zum Beispiel »Baghdad ist der Mittelpunkt der Welt«), doch »die Residenz der Sonne der Araber« ist wieder nur schlicht »die Residenz der Söhne des Abbas«.

Bevor wir uns weiter an solchen erheiternden Kleinodien ergötzen, muß jedoch – einmal ganz ernsthaft – eine generelle Feststellung getroffen werden. Fast jede Seite der ganz oder teilweise überprüften Werke Konzelmanns enthält, um die Plagiate gerankt, grobe historische Fehler, die einfach nur ärgerlich sind. Sie alle hier aufzuführen und richtigzustellen, würde deshalb zumindest ebenso viele Seiten füllen, wie Konzelmanns Bücher enthalten; und das wären Tausende. Damit würde dem Schwadronierer zuviel der Ehre zuteil, da der Eindruck entstehen könnte, man müsse unseren »Nahostexperten« wirklich ernst nehmen. Deshalb für diesen »nur ärgerlichen« Unsinn lediglich zwei völlig willkürlich herausgegriffene Beispiele, um zu zeigen, daß Konzelmann von der Materie schlicht keine Ahnung hat.

In seinen *Großen Kalifen* schreibt er (S. 94): »Mu'awija war zwar mit dem Kalifen Othman verwandt, doch er besaß überhaupt keine Bindung an die Person des Propheten.« Dies ist eindeutig falsch. Mu'awija war nämlich, wie alle seine vier Vorgänger im Kalifenamt, mit Mohammed verschwägert, da Mu'awiyas Schwester Umm Habiba eine der Frauen des Propheten war und nach dessen Tod wie die anderen Prophetenwitwen den Ehrentitel »Mutter der Gläubigen« trug. Zum Zeitpunkt des von Konzelmann geschilderten Geschehens war sie übrigens noch am Leben und hielt sich – zumindest nach einer Version in den Quellen – bei ihrem Bruder in Damaskus auf.

Drei Seiten weiter (S. 97) gibt Konzelmann folgendes zum besten: »Die Chronisten der damaligen Zeit vermerkten, daß Amru nach der Rückkehr zunächst nicht den Gouverneur besuchte. Er ließ Mu'awiya warten... (Deshalb)... blieb Mu'awija nichts anderes übrig, als sich, mit Gefolge, in das Haus des Feldherrn zu begeben... Man aß gemeinsam ein Festmahl, trank Wein und übertrat damit leichten Herzens ein Verbot aus der Gesetzessammlung der ersten Kalifen.« Den Vorgang, um den es hier geht, hat Konzelmann wieder von Gustav Weil (Bd. I, S. 235, Anm. 1) geklaut und sehr frei und eigenwillig nacherzählt. Daß bei diesem »Festmahl« jedoch Wein getrunken worden sei, davon ist bei Weil (und auch sonstwo) nirgends die Rede, und daß »damit leichten Herzens ein Verbot aus der Gesetzessammlung der ersten Kalifen« übertreten worden wäre, ist schon deshalb schlichter Blödsinn, weil es eine Gesetzessammlung der Kalifen nie gegeben hat.

An der Grenze zwischen Ärgernis und erheiterndem Stuß liegen Konzelmannsche Schilderungen wie etwa die folgenden, wobei wir der Einfachheit halber gleich bei den *Großen Kalifen* bleiben. Weil berichtet (Bd. I, S. 326) nach arabischen Quellen davon, daß eine Delegation von Männern aus Medina zum Kalifen Yazid (in seiner Umschrift: Jezid) kam, denen dieser einige Tausend Silberstücke schenkte, um sie für sich zu gewinnen, was aber nicht gelang. Das war Konzelmann zu farblos, und frei fabuliert er vor sich hin (S. 118f.): »Er lud einige der führenden Persönlichkeiten aus Mekka in seine Hauptstadt ein. Die Männer wurden dort verwöhnt und reich beschenkt. Das Leben in Damaskus gefiel ihnen jedoch nicht. Sie waren einfaches Essen gewöhnt; ihre täglichen Mahlzeiten bestanden aus Hammelfleisch, Gemüse und Fladenbrot. Im Palast des

Kalifen in Damaskus aber wurden ihnen Delikatessen vorgesetzt, die von den Köchen des Jezid aus der byzantinischen Küche übernommen worden waren: Der Braten war mit raffinierten Soßen abgeschmeckt; Früchte aus der Türkei kamen auf den Tisch und flaumige Eierspeisen nach alten phönizischen Rezepten, Fische als Nahrung waren den Männern aus Medina bisher ganz unbekannt. Es schmeckte ihnen nicht am Tisch des Kalifen. Die Herren ritten heim mit dem Gefühl, daß die Prasserei im Hause des Kalifen nicht zu ihnen passe.« Seien wir zunächst einmal nicht so kleinlich und sehen von der Schlampigkeit ab, daß hier Mekka und Medina durcheinandergehen! Aufregender ist das Menü, das der Gourmet Konzelmann hier aufträgt und das er nicht von Weil, sondern wohl einer Speisekarte aus einem der exzellenten Restaurants Beiruts entnommen hat. Was der Kalif Yazid seinen Gästen vorzusetzen pflegte, wissen wir nämlich leider nicht. Für gänzlich ausgeschlossen halte ich aber, daß »Früchte aus der Türkei« darunter waren, denn ich wüßte nicht, was für Früchte man aus der damals byzantinischen Türkei über Hunderte von Kilometern nach Damaskus transportiert haben könnte – Früchte, die man in der fruchtbaren Ghuta um Damaskus und im nahegelegenen Libanon wesentlich frischer und gewiß in besserer Qualität haben konnte. Und ob damals in Damaskus – im Gegensatz zu Beirut – Fisch aufgetischt wurde, ist immerhin recht zweifelhaft; in einem bekannten mittelalterlichen Kochbuch eines Damaszener Autors fehlen jedenfalls Fischrezepte, wie Peter Heine in seinen *Kulinarischen Studien* (1988) festgestellt hat. Daß allerdings den Männern aus Medina Fische als Nahrung »ganz unbekannt waren«, ist wiederum Humbug. Ebenfalls bei Peter Heine lesen wir dazu: »Seit der frühislamischen Zeit war den Arabern Fisch als Nahrungsmittel bekannt. Es hatte daher nie eine Diskussion um seine Erlaubtheit im rituellen Sinne stattgefunden, so daß seinem Gebrauch in der Küche nichts entgegenstand.« Und – das ist Konzelmann offenbar nicht bekannt – von Mekka zum Roten Meer ist es näher als von Damaskus zum Mittelmeer, und von Medina ist es auch nicht gerade unerreichbar. Daß das ganze Menü den »Herren« aus Medina aber nicht gepaßt habe und sie deshalb aus Damaskus wieder abgereist seien, dies ist dann schon wieder fast genialer Unsinn.

Aufschlußreich für Konzelmanns intime Kenntnisse ist auch wenige Seiten später (S. 120) folgendes: »Muslim Ibn Okba hatte, um seine Magenschmerzen zu lindern, während des ganzen Feldzugs strenge Diät eingehalten. Doch nach der Einnahme von Medina ließ er sich große Portionen Braten nach Damaszener Art auftischen. Zwar schmeckte ihm das Essen, sein Gesundheitszustand aber verschlechterte sich rapide... Dreißig Kilometer vor Mekka brach die Magenwand des Muslim Ibn Okba durch. Der Mageninhalt ergoß sich in die Bauchhöhle. Der Kommandeur starb unter schlimmen Schmerzen.« Dieses lupenreine Konzelat basiert wieder auf Gustav Weil (Bd. I, S. 331), der eine relativ junge arabische Quelle nacherzählt: »Muslim war krank, mußte Arznei nehmen und durfte nur wenig essen. Er befolgte die ärztlichen Vorschriften bis zur Einnahme von Medina. Dann aß er aber nach Herzenslust und sagte: Jetzt sind die Rebellen gezüchtigt, ich will jetzt gern sterben.« Weil (S. 334) ergänzt dann noch, daß der genannte Muslim »in Kudeid, drei Tagereisen (! G.R.) von Mekka,« gestorben sei. Aus den Angaben von Weil die Krankheit des Feldherrn herauszudiagnostizieren, »Braten nach Damaszener Art« als Mageninhalt zu identifizieren und dann offenbar noch den Toten zu sezieren, um festzustellen, daß sich »der Mageninhalt in die Bauchhöhle« ergossen hatte – und dies alles von Stuttgart aus, Tausende von Kilometern vom Schauplatz entfernt und 1300 Jahre nach dem Geschehen –, ja, das ist wahres Expertentum, das ist fast schon auf die Spitze getriebene gründliche journalistische Recherche!

Gut eine Seite weiter (S. 122) dann diese Entdeckung: »Mu'awija und Jezid hatten in Damaskus gelebt. Die Wüste, aus der die Adligen des Reiches gekommen waren, geriet in Vergessenheit. Sie wurde nur noch zur Kenntnis genommen, wenn sie auf Kriegszügen oder auf der Pilgerfahrt durchritten werden mußte. Die Sandfläche, von Dünen durchzogen, war zum Feind geworden. Den Heeren des Kalifen bot sie keinen Schutz mehr, da die Soldaten nicht gewohnt waren, in der unendlichen Weite einen Verbündeten zu sehen... Wenig hat der Palast in Damaskus gemeinsam mit den Zelten der Beduinen. Mu'awija und Jezid liebten ihre Frauen nicht mehr auf hartem Lager. Sie tranken Wein und beleidigten damit den Propheten... Zentralarabien verwandelt sich zurück in den Lebensraum der Kamelzüchter und

Banditen.« Das ist nun ein völlig echter Konzelmann! Kein Sterbenswörtchen ist hier abgeschrieben oder von einer schriftlichen Vorlage inspiriert. Also wieder reine Recherchenarbeit! Bei soviel Arbeit bleibt es aber naturgemäß nicht aus, daß sich zuweilen doch kleinere Fehler einschleichen. So ist das mit den Sanddünen in den Wüsten auf der arabischen Halbinsel so eine Sache, denn nur ein kleiner Teil der Wüsten sind dort wirklich Sandwüsten mit Dünen, wie sich Klein Erna dies hierzulande so vorstellt. Viel häufiger sind Stein- und Geröllwüsten. In einem breiten Streifen vom Süden Syriens über ganz Ostjordanien bis hinunter vor die Tore Medinas bestehen sie übrigens meist aus Lava vulkanischen Ursprungs. Wenn man diesbezüglich keine geographische Literatur lesen will, muß man einfach mal hinfahren. Hat dies der intimste Kenner Arabiens etwa versäumt und in der Zeit, die er im Nahen Osten verbracht hat, es eher mit den beiden von ihm gescholtenen Kalifen gehalten, »nicht mehr auf hartem Lager« gelegen, Wein getrunken und den Propheten beleidigt?

Doch leider stimmt das mit den Kalifen ja auch wieder nicht, denn gerade die Kalifendynastie der Omajjaden, die von 661 bis 750 regierte und an deren Anfang die beiden genannten Herrscher standen, waren der Wüste besonders zugetan, zogen sich gern dorthin zurück und ließen sich ebendort mehrere, in ihren Ausmaßen recht bescheidene, sogenannte »Wüstenschlösser« errichten, deren Ruinen noch heute zu besichtigen sind. Konzelmann selbst hätte zumindest bei einer zweiten Durchsicht seines Textes an dieser Stelle stutzen müssen, schreibt er doch weiter hinten in seinem Kalifen-Buch (S. 203f.) zu Ereignissen, die 60 Jahre nach dem Tode Yazids liegen: »Die Prinzen hielten sich in der Hauptstadt (er meint Damaskus; G.R.) auf, Welid aber lebte mit seinen Frauen (das mußte auch wieder einmal gesagt werden! G.R.) in den Wüstenschlössern in Westsyrien... Die Begeisterung der Anhänger aber schwand rasch, als Jezid (das ist nun Yazid III.; G.R.) sie hinausführen wollte, nach Westen in die Wüste, zum Palast des verhaßten Kalifen.« Ja, also doch noch in der Wüste; nur schade, daß Konzelmann meint, diese »Wüstenschlösser« und die dazugehörige »Wüste« lägen in Westsyrien, in jedem Falle westlich von Damaskus. Dort gab es aber weder Wüste noch Wüstenschlösser. Er war bei seinen Recherchen offenbar doch nicht dort gewesen, und das ist schon ein wenig enttäuschend. Aber dies ist ja auch gar nicht das Wichtige, was Konzelmann mitteilen wollte. Die Hauptbotschaft, die er verkünden wollte, war, daß die Araber wieder »Kamelhirten und Banditen« geworden waren. Und das ist – Recherche hin, Recherche her – eine Wahrheit, die wir im christlichen Abendland seit Jahrhunderten wissen. Und damit basta!

Bevor ich aber wieder anfange, mit unserem Nahostexperten zu schimpfen, will ich den Leser, der bis hierher durchgehalten hat, zum Abschluß dieses Kapitels noch mit zwei Bonbons belohnen, die mit zu den süßesten Köstlichkeiten gehören, die der Meister bisher seiner eigenen Lesergemeinde vorbehalten hatte.

Schon auf der Seite (S. 123), die auf die »Kamelzüchter und Banditen« folgt, erzählt Konzelmann eine Geschichte, die bei ihm Ende des 7. Jahrhunderts spielt, von der ich immer noch nicht weiß, wo er sie stibitzt hat und mit der er die Grausamkeit der Beduinen belegen will. »Am frühen Morgen«, heißt es da bei Konzelmann, »als es noch kühl war und sie hörten, daß Maslama den Kaffee im Mörser stampfte, gingen die Männer hinüber zu seinem Zelt. Maslama bat sie, mit ihm Kaffee zu trinken...« Tatsächlich, schon wieder Kaffee. Ich erinnerte mich und blätterte zurück. Und meine Erinnerung trog mich nicht. Stand doch da (S. 48) über den Kalifen Omar (der von 634 bis 644 regierte) zu lesen: »Der Kalif war überaus bedürfnislos. Tag für Tag bestand seine Nahrung aus Gerstenfladen, Kamelfleisch und Gemüse.« Nun, zumindest das Kamelfleisch ist wieder eine Konzelmannsche Erfindung, aber das Beste kommt ja noch: »Gebrühter Kaffee war das Getränk, das zu dieser Zeit populär wurde in Arabien. Omar trank mehrere Kannen Kaffee täglich.«

Ja, bevor man einen solchen Blödsinn schreibt, sollte man als Experte vielleicht doch einmal in ein Nachschlagewerk sehen. Schon der Brockhaus unter dem Stichwort »Kaffee« hätte Klarheit gebracht, wenn man schon nicht die alte deutsche *Enzyklopaedie des Islam* (hier Bd. II. aus den zwanziger Jahren, S. 675ff.) oder gar die moderne *Encyclopaedia of Islam* im Bücherschrank hat, was für einen Nahostexperten vielleicht ganz angebracht wäre. Aber Konzelmann ist eben Schwabe, und die Enzyklopaedie ist teuer und außerdem ausschließlich von ganz vielen Orientalisten verfaßt, die Konzelmann nicht leiden kann. Schade! Er hätte nämlich dort in der deutschen Ausgabe unter dem Stichwort »Kahwa« (dem arabischen Wort für Kaffee) lesen können: »Viel früher als um die Wende des VIII. (XIV.) Jahrhunderts wird der Kaffee als Getränk wohl nicht in Südarabien bekannt geworden sein. Ob der Baum lange vor dem eingeführt wurde, ist zweifelhaft. Ibn Hadjar al-Haitami spricht... noch von einem kurz vor dem X. Jahrhundert d. H. (nach der Hidschra; G. R.), also gegen Ende des XV. Jahrhunderts n. Chr., (wohl in Mekka) aufgekommenen Getränk, das man aus der Schale des *Bunn*, einer aus der Gegend von Zaila eingeführten Pflanze bereite und das man *Kahwa* nenne...«

Ich gebe zu, diese orientalistische Fachsprache ist nicht als Bettlektüre geeignet, und Konzelmann schreibt flüssiger. Andererseits ist die *Enzyklopaedie des Islam* aber auch nur als Nachschlagewerk für Fachleute gedacht, für solche also, die man landläufig als Experten – wie Herrn Konzelmann – bezeichnet.

Der Kaffee, das haben wir nun aus der *Enzyklopaedie des Islam* erfahren, ist erst im 15. Jahrhundert in Mekka bekannt geworden. Da hat sich Konzelmann also um die Kleinigkeit von 800 Jahren vertan. Fehlt noch, dachte ich mir, daß Konzelmann die Kalifen Wasserpfeife rauchen läßt. Doch den Gefallen tat er mir – zunächst – nicht. Ich mußte warten, bis ich mir sein neuestes Buch *Der Golf* von 1991 vornahm, also eines jener Werke aus seiner späten Schaffensperiode, in der er eine neue »Art, ein Thema anzupacken«, entwickelt hatte. Auf der Seite

143 bringt er das altbekannnte Märchen aus *Tausendundeiner Nacht* vom Kalifen Harun ar-Raschid, der, um dem Volk aufs Maul zu schauen, inkognito durch die Gassen spazierte, und schmückt die Geschichte folgendermaßen aus: »Unerkannt wollte er beobachten, wie die Handwerker und Kaufleute von Bagdad zur kühlen Nachtzeit arbeiteten: Er sah den Bäckern und Metzgern zu, die Brot und Fleisch für den kommenden Tag zubereiteten; er besuchte die Leichenwäscher (Handwerker oder Kaufleute?, fragt man sich; G.R.), die Tote zur Bestattung am frühen Morgen herrichteten; er setzte sich zu den Männern, die Wasserpfeife rauchten...« Da war sie also doch, die Wasserpfeife des Kalifen, auf die ich so lange gewartet hatte. Nun ist das mit dem Tabak aber so ähnlich wie mit dem Kaffee. Im handlichen *Lexikon der Islamischen Welt*, herausgegeben von Kreiser, Diem und Majer bei Kohlhammer 1974, das auch für einen sparsamen Schwaben erschwinglich ist, heißt es unter dem entsprechenden Stichwort »Tabak« (Bd. 3, S. 132): »Im islamischen Orient um 1600 (Stambul 1603) erstmals bezeugt, von wo an er das Schicksal des Kaffees weitgehend teilte... Die Wasserpfeife kam erst verhältnismäßig spät auf (18. Jh.), wobei der Glaskörper von der böhmischen Glasindustrie geliefert wurde...« Harun ar-Raschid regierte aber schon von 786 bis 809. Wenn Konzelmann schon nicht wußte, daß der Kaffee sich erst so spät im Orient verbreitete, so kann man dies noch belächeln, da in der landläufigen Vorstellung der Orient und der Kaffee schon immer irgendwie zusammengehörten; daß er aber auch den Tabakgenuß einige

Jahrhunderte vor der Entdeckung Amerikas für den Orient konstatiert, belegt schlicht mangelnde Schulbildung.

In der Hoffnung, dem Leser die Technik des Konzelierens und das Wesen der Konzelate hinreichend verdeutlicht zu haben, möchte ich diese Aspekte nun endgültig verlassen und noch in aller Kürze schildern, wie sich die juristische Seite der Affäre weiterentwickelte, ist sie doch auch nicht ohne ihre Reize und erheiternden Momente, zumal parallel dazu auch einige Journalisten weiter ihren Spaß an der Sache hatten und diesen entsprechend dokumentierten.

Ein geheimnisvolles Bakschisch

Konzelmann versucht sich freizukaufen

Es sah Anfang September 1991 ganz so aus, als könnte der juristische Aspekt des Plagiateskandals bald zu Ende gebracht werden, da sich der Lübbe Verlag bezüglich des Mohammed-Buches von Konzelmann im Prinzip auskunftswillig zeigte und sich bereits verpflichtet hatte, das Buch im Dezember 1991 vom Markt zu nehmen. Es blieben zwar noch einige Fragen hinsichtlich von Nebenrechten und Verzinsungen zu klären, und Konzelmann selbst hatte auch noch keine entsprechende Verpflichtungserklärung auf Unterlassung abgegeben, doch der Einstieg schien getan, und Heinrich Senfft und ich gingen davon aus, daß die anderen betroffenen Verlage sich ebenfalls nicht querstellen und sich vor allem nicht auf geschäftsschädigende gerichtliche Verfahren einlassen würden. Eigentlich war ich ein bißchen traurig darüber.

Doch der Schein trog. Es trat nämlich auf der Gegenseite zunächst einmal eine Denkpause ein, die Heinrich Senfft, al-Muhami, erst mit einem geharnischten Drohbrief beenden konnte, der mit den geradezu systemkritischen Zeilen begann:

»Sehr geehrter Herr Kollege Hecker,
in der Sache des Professors Rotter gegen Konzelmann und den Lübbe Verlag habe ich in meinem Brief vom 4. September wohl den Fehler gemacht, Ihnen keine Frist zu setzen – und bin deshalb mit einer Antwort von Ihnen auch nicht beehrt worden, wie das sich in diesem siegreichen Ellbogenstaat allmählich eingebürgert hat…«

Da scheint al-Muhami den Herrn Dr. Hecker doch wohl etwas zu hart angegangen zu sein, denn dieser schickte schon wenige Tage später ein siebenseitiges Telex, das mit den Worten begann:

»…Ich bedaure, daß Sie den Eindruck gewonnen haben, ohne Fristsetzung von hier aus nicht schnell genug eine Antwort zu erhalten… Es scheint vorliegend erforderlich zu betonen, daß es nicht Stil unseres Hauses ist, ein Anschreiben unbeantwortet zu lassen.«

Das war stilistisch wie inhaltlich zwar ein Rückschritt gegenüber al-Muhamis Brief, klang aber ehrlich. Aus diesem Schreiben vom 26. September 1991 ging zunächst einmal hervor, daß Dr. Hecker neben dem Bastei-Lübbe Verlag nun auch Konzelmann als Anwalt vertrat und in seinem Namen sowohl die geforderte Unterlassungserklärung für sein Mohammed-Buch abgab als auch sein Einverständnis erklärte, mir nachträglich drei Prozent vom Ladenverkaufspreis des Buches als Honorarbeteiligung auszuzahlen, auch wenn Dr. Hecker diesen Betrag »durchaus beachtlich« und »zu hoch« fand. Darauf folgte eine seitenlange juristische Abhandlung, in der er unter Berufung auf das deutsche Urheberrechtsgesetz und verschiedene Gerichtsurteile zu begründen versuchte, daß Konzelmann im Grunde noch im Rahmen geltenden Rechts gehandelt habe und »daß es im vorliegenden Fall durchaus fraglich erscheint, ob Ihrem Mandanten ein Schadenersatzanspruch zusteht und – will man dies einmal unterstellen – ob dieser tatsächlich in der von Herrn Konzelmann akzeptierten Höhe begründet wäre.« Eine kleine Einschränkung macht er dennoch, um diese dann aber gleich wieder herunterzuspielen: »Zutreffend ist allerdings – und hierin sehen meine Mandanten auch den wesentlichen Verstoß gegen die Rechte Ihres Mandanten –, daß verabsäumt wurde, gem. 63 AbS. 1 UrhG die Quelle der Zitate anzugeben. Dies ist ein bedauerliches Versehen, für das sich meine Mandanten entschuldigen. Ein Verstoß gegen das Gebot zur Quellenangabe macht aber die ansonsten zulässige Werknutzung im Rahmen der Urheberrechtsschranken insgesamt noch nicht unzulässig (OLG Hamburg a.a.O. S. 38/40 – Heintje). Ein Schadenersatzanspruch resultiert daraus in der Regel nicht (Schriker, OrhG, 64 Rz. 21f. insbesondere unter Hinweis auf OLG Hamburg in GRUR 1974, 165/167 – Gartentor).«

Im Gegensatz zu mir blieb Heinrich Senfft von der juristischen Gelehrsamkeit seines Anwaltskollegen völlig unbeeindruckt. Im Gegenteil. Am 8. Oktober schrieb er ihm unter anderem zurück:

»Zu Ihren Rechtsausführungen im Brief vom 26. September möchte ich eigentlich kaum etwas sagen, weil Sie selbst wissen, wie es darum steht. Nur eines: Wenn Sie zu berücksichtigen bitten, daß es sich ›bei dem Werk Ihres Mandanten um die Übersetzung einer rd. 1200 Jahre alten Schrift handelt und nicht um ein auch inhaltlich eigenständig entwickeltes Werk‹, so möge bitte umgekehrt berücksichtigt werden, daß gerade bei so alten Werken eine besonders sorgfältige Übersetzung, Bearbeitung und Annotierung, also unverhältnismäßig Mehrarbeit investiert werden muß als bei jedem anderen Buch. Und wenn Sie auf Blatt 3 in der Mitte darauf hinweisen, die von Ihrem Mandanten als Zitate gar nicht ausgewiesenen Stellen habe Ihr Mandant ›lediglich zur Erläuterung des von ihm geschilderten Inhalts herangezogen‹, so sind wir uns ganz gewiß darüber einig, daß es genau umgekehrt ist: Daß Ihr Mandant an seinem Buch so nur hat weiterschreiben können, weil er bei Herrn Rotter gefrühstückt hat. Und wenn Sie auf Blatt 4 meinen, Herr Konzelmann sei zwingend darauf angewiesen gewesen, auf das Werk meines Mandanten zurückzugreifen, so muß man sich doch ein weiteres Mal fragen, warum er ihn eigentlich nicht gefragt hat und das Ausbleiben der zitierten Quelle als ein bedauerliches Versehen bezeichnet, da es doch so ist, daß auch sein bei Herbig und Ullstein erschienenes Buch *Allahs neues Weltreich* wie auch das bei Hoffmann und Campe erschienene Golf-Buch Rotter-Zitate enthalten, die als solche nicht gekennzeichnet sind. So viele Versehen auf einmal. Da ist Herr Konzelmann wahrlich zu bedauern.«

Am gleichen Tag, als Heinrich Senfft diesen Brief verfaßte, erschien im *Hamburger Abendblatt* auf der ersten Seite der bereits zitierte Artikel mit der moderaten Überschrift *Hat Gerhard Konzelmann abgeschrieben?*, dessen Inhalt aber doch recht herzhaft war. Und tags darauf mußte Heinrich Senfft schon wieder in der leidigen Affäre zum Diktiergerät greifen, doch ging der Brief nun an mich:

»Lieber Herr Rotter,
wegen einer Meldung im Mittwochs-*Abendblatt* rief mich... Dr. Hecker an und fragte, ob Sie denn nun auszögen, Herrn Konzelmann kurz und klein zu machen... Herr Hecker wurde dann ziemlich keck und sagte, wenn Sie jetzt vorhätten, Konzelmann weiter durch den Kakao zu ziehen, so verschwinde auf seiner Seite die Vergleichsbereitschaft. Ich habe ihm gesagt, daß ich eine solche Unterhaltung nicht mit ihm führen und auch nicht daran mitwirken werde, Ihnen einen Knebel in den Mund zu stecken, nur damit Herr Konzelmann sich mit Ihnen vergleiche. Wenn Herr Konzelmann an einem Vergleich kein Interesse mehr habe, so könnten wir die Sache auch gern vor Gericht austragen. Ich habe den Eindruck, daß wir die Sache mit Konzelmann und dem Lübbe-Buch doch noch rasch erledigt bekommen. Und wahr ist ja wohl auch, daß Sie ihren Köcher vorerst leergeschossen haben – oder? Wenn Sie freilich fortfahren, Ihr Bildungsniveau durch Lesen weiterer Konzelmann-Bücher zu ruinieren, dann ist ein erneuter Großangriff auf diesen Televisionskönig nicht auszuschließen – aber soll man Ihnen das wünschen?...«

Ich wußte selbst nicht, ob ich mir einen erneuten Großangriff gegen den »Televisionskönig« wünschen und mein Bildungsniveau weiter ruinieren sollte, doch war mein Köcher, wie sich ja dank weiterer Konzelmann-Lektüre bald herausstellen sollte, eben noch nicht leergeschossen. Rasch folgten damals meine Plagiatsentdeckungen in weiteren Konzelmann-Werken aufeinander, so in seinem *Allahs Schwert* und in seinen *Großen Kalifen* sowie in der ersten Folge seines TV-Films *Allahu akbar*. Und mein sonst so weiser al-Muhami lag auch mit seinem »Eindruck, daß wir die Sache mit Konzelmann und dem Lübbe-Buch doch noch rasch erledigt bekommen« würden, voll daneben. Denn schon am 15. Oktober 1991 schickte Dr. Hecker zwar bereitwillig die weiteren erbetenen Informationen über das bei Bastei-Lübbe erschienene Mohammed-Buch Konzelmanns, erklärte jedoch zu unserer Überraschung:

»Zunächst zeige ich an, daß ich Herrn Konzelmann nicht mehr vertrete. Er wird nunmehr von Herrn Kollegen Prof. Wenzel aus Stuttgart betreut... Insbesondere möchte ich Sie bitten, die Frage des Schadensersatzes vornehmlich mit Herrn Konzelmann zu diskutieren, da der Bastei Verlag aufgrund des mit Herrn Konzelmann geschlossenen Verlagsvertrages einen Rückgriffsanspruch geltend machen kann...«

Oha, fragte ich mich, waren Anwalt Dr. Hecker und der Bastei-Lübbe Verlag dem Herrn Konzelmann vielleicht zu auskunftsfreudig erschienen? Oder hatte Dr. Hecker die Aussichtslosigkeit des Verfahrens längst erkannt und keine Lust, seinen guten Ruf zu verlieren? Wie dem auch gewesen sein mag, die Auskunftsfreudigkeit bezüglich der anderen Bücher und der anderen Verlage erlosch zunächst einmal völlig, und alles geriet gewaltig ins Stocken. Dutzende von Korrespondenzen und Telefonaten zwischen den Anwälten sowie zwischen Anwälten, Mandanten und Verlagen erbrachten nicht viel.

Während Konzelmann selbst sich weiter völlig bedeckt hielt und auch aus einer Quizsendung im ARD-

Fernsehen, die er bisher noch mitgestaltet hatte, sang- und klanglos verschwand, betraten zwei neue Hauptakteure die Bühne. Der eine war der angekündigte Prof. Wenzel, der neue Anwalt von Herrn Konzelmann. Schon in seinem ersten Schreiben vom 17. Oktober 1991, in dem er sich als neuer Anwalt Konzelmanns vorstellte, kam eine Eigenschaft zum Ausdruck, die Heinrich Senfft bald bis zum Überdruß nerven sollte: »Selbstverständlich könnte ich zu dem Vorgang auch schriftlich Stellung nehmen. Ich meine aber, daß es besser wäre, zunächst einmal mündlich darüber zu sprechen.« Die damit angedrohten Telefonate blieben so frucht- wie nutzlos, und am 26. November schien es Heinrich Senfft endgültig leid zu sein, denn er schrieb mir:

»Lieber Herr Rotter,
am Montag hat Professor Wenzel nun schon gleich wieder zweimal angerufen und mich schwäbisch-verschlagen angeschleimt. Ich habe ihm aber gesagt, es habe nun wirklich keinen Sinn mehr, mit ihm zu telefonieren: Wir müßten jetzt zu Ende kommen...«

Während Wenzel nur eine penetrante, in ihrer Absicht kaum ergründbare Hinhaltetaktik betrieb und damit meines Erachtens seinem Mandanten Konzelmann keinen Gefallen tat, gebärdete sich der zweite neue Hauptakteur kaltschnäuzig, frech und arrogant: der, so Heinrich Senfft, »durch Raubdruck bekannt gewordene« Verleger Dr. Herbert Fleissner. Und was ich nicht wußte, was Heinrich Senfft mir aber erzählte, war die Tatsache, daß dieser Dr. Fleissner die Rechts- und Verlagsgeschichte der deutschen Nachkriegszeit dadurch bereichert hatte, daß er sehr gewinnbringend Solschenizyns *August 1914* als Raubdruck verlegt und damit den erfolgreichen Start seiner Verlegerkarriere begründet hatte. »Bei großer Konkurrenz wahrscheinlich der Schlimmste der Branche«, so Senffts abschließende Wertung.

Dieser Mensch Dr. Fleissner, der offensichtlich Geschäftsführer sowohl des Herbig- als auch des Ullstein-Verlages (und einiger weiterer Verlagshäuser) ist, war nicht bereit, für die bei ihm zuerst erschienenen Konzelate-Sammlungen *Die großen Kalifen* sowie – da greife ich dem zeitlichen Ablauf etwas voraus – *Allahs neues Weltreich* und *Allahs Schwert* irgendwelche Angaben über Auflagenhöhen, Verkaufszahlen etc. zu machen. Eine erste Kostprobe für seine Unverschämtheit lieferte er bereits am 28. Oktober 1991 mit einem Schreiben an Heinrich Senfft, in welchem es unter anderem hieß:

»... Unabhängig davon wäre auch die Frage zu untersuchen, ob nicht Ihr Mandant bei seiner Übersetzung das in unserem Ullstein Verlag 1916 erschienene Werk *Das Leben Mohammeds nach Mohammed Ibn Ishak* zu Hilfe genommen hat. Die Ähnlichkeiten mit dieser Übersetzung sind auf den ersten Blick – wie wir ihn soeben vorgenommen haben – nicht von der Hand zu weisen. Aus all dem Gesagten werden Sie bitte verstehen, daß wir uns zu keiner weiteren Korrespondenz in dieser Angelegenheit in der Lage sehen.«

Nun mich als Plagiator hinzustellen, war dreist. Zwar schrieb Heinrich Senfft diesbezüglich an Wenzel: »Der Versuch Herrn Fleissners, nunmehr Rotter zum Plagiator zu befördern, spricht so sehr für sich selbst, daß ich zu keinem Adjektiv greifen muß.« Andererseits erhielt ich in den ersten Novembertagen aber von Heinrich Senfft den folgenden Brief:

»Lieber Herr Rotter,
nun hat mich Herr Wenzel, der neue Konzelmann-Anwalt, am Telefon erwischt. Er will sich erstens einmal beim Süddeutschen Rundfunk nach dem Film erkundigen und unsere Angaben nachprüfen. Zum anderen fragt er, ob man sich für die Zukunft nicht doch darauf einigen könne, Ihre Übersetzungen in den Konzelmann-Büchern zu lassen – mit der Folge, daß Sie aus weiteren Konzelmann-Verkäufen Honorar beziehen – oder ob es wirklich Ihr Ernst sei, alles heraushaben zu wollen. (Ja, das wollte ich in der Tat! G.R.) Schwierig sei das nicht, denn nun könne man ja auf die 1916er Übersetzung zurückgreifen. Auch Professor Wenzel machte unsympathische Anmerkungen zu diesem 1916er Buch und fragte, ob es nicht vielleicht doch möglich sei, daß Sie selber dort gefrühstückt hätten. Dazu werden wir also doch noch etwas sagen müssen...«

Und als ich mich kurz darauf zu Heinrich Senfft begab, um mit ihm zu besprechen, was wir »dazu noch sagen« und vor allem tun sollten, begrüßte er mich süffisant lächelnd und seine humanistische Bildung andeutend: »Tu quoque?«

Nun hatte ich zwar ein lupenreines Gewissen, was das ominöse »1916er Buch« anging, und Heinrich Senfft schien mir auch zu glauben – obwohl es wohl zum Job eines Anwalts gehört, seinem Mandanten erst mal gar nichts zu glauben –, doch hatte er mich schnell davon überzeugt, daß wir ein Fachgutachten brauchten. So bat ich denn erneut Frau Hörner, sich wieder auf die Suche zu machen, diesmal nach dem »1916er Buch«. Ich wußte zwar, daß ein gewisser Herbert Eulenberg um 1916 tatsächlich ein Buch mit dem Titel *Das Leben Mohammeds nach Mohammed Ibn Ishak* herausgegeben hatte, und hatte den Titel auch der Vollständigkeit halber in die Literaturliste meiner eigenen Übersetzung aufgenommen, ohne das Buch allerdings je gesehen zu haben, da ich es während des Übersetzens aus dem Arabischen grundsätzlich vermeide, etwaige andere existierende Übersetzungen – die es ohnehin selten genug gibt – heranzuziehen, um mich nicht beeinflussen zu lassen.

Es stellte sich heraus, daß das Buch auch gar nicht so leicht aufzutreiben war. Kurioserweise wurde Frau Hörner ausgerechnet in der Bibliothek der Bundeswehrhochschule in Hamburg fündig. Als ich das Büchlein endlich in Händen hielt, mußte ich doch herzhaft lachen. Nein, Herr Fleissner, mit dieser beleidigenden Unterstellung kommen Sie bei keinem Gericht durch!

So nahm ich denn das »1916er Buch«, brachte es meinem Kollegen Prof. Albrecht Noth, einem wissenschaftlich reichlich ausgewiesenen Kenner frühislamischer Geschichte und Literatur und bat ihn um ein Fachgutachten. Darin kam dieser dann zu folgendem Ergebnis:

»Daß Herrn Rotters Buch mit dem Buch von Eulenberg nichts gemein hat, ergibt sich bereits nach kurzer Einsichtnahme allein aus dem Umstand, daß Eulenberg eine andere Auswahl aus dem Gesamttext getroffen hat und sein Text zudem mindestens um ein Drittel kürzer ist. Auch dort, wo inhaltlich die den Übersetzungen zugrundeliegenden Passagen des arabischen Originals identisch sind, weichen die Übersetzungen sowohl sprachlich als auch sachlich derart voneinander ab, daß eine Abhängigkeit Rotters von Eulenberg nicht zu konstruieren ist… Im übrigen ist Eulenbergs Text, wie ausdrücklich im Vorwort festgestellt, nichts anderes als ein knapper wörtlicher Auszug aus der völlig veralteten, wissenschaftlich überholten und fehlerhaften Übersetzung von Gustav Weil *Das Leben Mohammeds nach Mohammed Ibn Ishak*, 2 Bde., Stuttgart 1864.«

Ende November 1991, nachdem weitere schriftliche Aufforderungen und Drohungen gegen die Herren Konzelmann-Wenzel-Fleissner immer noch nichts gefruchtet hatten, war es Heinrich Senfft endgültig leid. Auch die hektische Telefoniererei des Prof. Wenzel am 26. November mit dem Angebot Konzelmanns, für die Plagiate in seinem Mohammed-Buch 20.000 Mark zahlen zu wollen, wovon er 5.000 Mark bereits überwiesen habe, vermochte ihn nicht mehr zu besänftigen (mich auch nicht). Tags darauf beantragte er beim Landgericht Hamburg in Sachen *Allahs neues Weltreich* eine einstweilige Verfügung gegen Konzelmann und Fleissner, die am 3. Dezember, nachdem wir Noths Gutachten nachgereicht hatten, ohne Abstriche vom Gericht mit folgendem Satzungetüm beschlossen wurde:

»Im Wege einer einstweiligen Verfügung – der Dringlichkeit wegen ohne mündliche Verhandlung – wird den Antragsgegnern bei Vermeidung eines vom Gericht festzusetzenden Ordnungsgeldes, und für den Fall, daß dieses nicht beigetrieben werden kann, einer Ordnungshaft bis zu sechs Monaten (Ordnungsgeld im Einzelfall höchstens DM 500.000,--, Ordnungshaft insgesamt höchstens zwei Jahre) verboten, das Buch *Allahs neues Weltreich* des Antragsgegners... anzubieten und zu verbreiten und/oder anbieten oder verbreiten zu lassen, wenn und solange darin auf den Seiten (es folgen die Seitenzahlen; G.R.) die aus der Anlage zu dieser einstweiligen Verfügung ersichtlichen Stellen aus dem vom Antragsteller übersetzten, bearbeiteten und herausgegebenen Werk *Ibn Ishaq. Das Leben des Propheten* enthalten sind.«

(Es folgt noch, daß von diesem Verbot die bereits gedruckten und gebundenen Exemplare des Konzelmann-Buches ausgenommen wurden und daß die Antragsgegner die Kosten des Verfahrens zu tragen haben.)

Nun schien zunächst einmal etwas Bewegung in die Affäre zu kommen. Sowohl Konzelmann als auch Fleissner akzeptierten schriftlich den Beschluß des Landgerichts ohne allzu lautes Murren. Leider hatten die beiden bösen Buben, der erste mit Abschreiben, der zweite mit zumindest einem Raubdruck und beide zusammen mit allerlei Unsinn doch wohl soviel Geld gemacht, daß sie, falls sie das Verbot übertreten sollten, das Ordnungsgeld gewiß zahlen konnten. Dennoch folgte mir die schöne Vorstellung, die beiden zusammen in einer Zelle Buße tun zu sehen, bis in den Schlaf.

Schon Heinrich Senffts definitive Ankündigung der einstweiligen Verfügung hatte Wenzel nicht nur wieder eiligst zum Telefonhörer greifen lassen, sondern Konzelmann zu weiteren stillschweigenden, aber recht merkwürdigen Zahlungen bewogen, die Wenzel dann am 6. Dezember folgendermaßen erläuterte:

»Lieber Herr Senfft,
zunächst kann ich Ihnen die für Prof. Rotter und sicher auch für Sie wohl erfreuliche Mitteilung machen, daß Herr Konzelmann inzwischen weitere Beträge überwiesen hat, und zwar

1. in Sachen Lübbe- und Lingen-Verlag (letzterer hatte Nebenrechte an Konzelmanns Mohammed-Buch erworben; G.R.)

am 2. 12. 1991	DM 5.000,--
am 3. 12. 1991	DM 15.000,--
	DM 20.000,--
bereits gezahlt	DM 5.000,--
insgesamt gezahlt	DM 25.000,--

2. in Sachen Herbig Verlag
   am 3. 12. 1991 DM 4.500,--«

Während sich die gezahlte Summe für Konzelmanns Mohammed-Buch beim Lübbe Verlag wenigstens in die Richtung der Zahlen bewegte, die von diesem Verlag bekanntgegeben worden waren – allerdings die inzwischen aufgelaufenen Zinsen überhaupt nicht berücksichtigte –, war der Betrag für *Allahs neues Weltreich* bei Herbig völlig schleierhaft, da Herbig, sprich Dr. Fleissner, sich ja weiterhin hartnäckig weigerte, irgendwelche Zahlen bekanntzugeben. Als ich Heinrich Senfft fragte, was ich mit dem Geld denn machen sollte, gab er mir nur den Rat: »Alles, nur nicht zurückschicken!«

Wenzels Brief enthielt auch eine rührende Bitte:

»In diesem Zusammenhang möchte ich noch eine herzliche Bitte äußern. Natürlich kann man alles bis zum letzten perfektionistisch regeln wollen. Nachdem aber Herr Konzelmann darauf verzichtet und die 7:3- beziehungsweise 3:7-Forderung kurzerhand akzeptiert und mittlerweile erhebliche Beträge überwiesen hat, sollte Prof. Rotter hinsichtlich der Zinsfrage auch seinerseits großzügig sein, zumal der Anspruch erst unlängst geltend gemacht worden ist. Über diesen Punkt sollten wir nochmals telefonisch(! G.R.) sprechen...«

Die Minuten des Mitleids, die mich angesichts dieses Gesäusels überkamen, währten nur kurz, schloß Wenzels Brief doch mit den Zeilen:

»Abgesehen davon hatten wir vorgesehen, daß Prof. Rotter zu der Angelegenheit keine öffentlichen Erklärungen abgibt und im Falle einer Anfrage nur mitteilt, er habe sich mit Herrn Konzelmann geeinigt, die Sache sei erledigt.«

Das war also der Grund für Konzelmanns plötzliche Bakschisch-Zahlungen! Er hatte im Zusammenhang mit der angedrohten einstweiligen Verfügung Angst, seine lieben Journalistenkollegen könnten Lust verspüren, diese zum Anlaß zu nehmen, um ihn nochmals kräftig einzumachen. Da weder Heinrich Senfft noch ich jemals auch nur die geringste – in meinen Augen zudem unmoralische – Andeutung gemacht hatten, ich würde gegen Zahlung irgendeines Betrages »keine öffentlichen Erklärungen« mehr abgeben, empfand ich Wenzels unverschämtes Ansinnen geradezu als Aufforderung, der öffentlichen Neugier nachzukommen.

Dieses Bedürfnis zu befriedigen, wurde mir dadurch erheblich erleichtert, daß einige Vertreter der Journalistenzunft mir ohnehin seit Wochen nachstellten, um mir möglichst drastische Worte über den Stand der Auseinandersetzung mit dem Fernseh-Ali-Baba zu entlocken. Ein gewisser Herr Fraenzel von *Bild am Sonntag* tat sich durch besonderen Eifer hervor, und ihm war es eines Tages tatsächlich gelungen, unseren Nahostexperten soweit zu bekommen, daß dieser ihm am Telefon erzählte, er habe inzwischen 35.000 Mark an mich bezahlt. Konzelmann selbst, so deutete ich dies, wollte also weiterhin »öffentliche Erklärungen« abgeben, mich aber dazu bewegen, auf derlei Äußerungen zu verzichten.

Eine Rückfrage bei Heinrich Senfft brachte tatsächlich die Bestätigung, daß Konzelmann weitere 5.500 Mark überwiesen hatte, wobei aber völlig im dunkeln blieb, für welche Plagiate dieser Betrag nun wieder gedacht war. Aus irgendwelchen Gründen versuchten Konzelmann und sein Verleger Dr. Fleissner, es unbedingt zu vermeiden, die Verkaufszahlen für die drei Werke des Meisters *Allahs neues Weltreich*, *Allahs Schwert* und *Die großen Kalifen* herauszurücken. Nur der dtv-Verlag, in dem *Allahs Schwert* im März 1991 auch als Taschenbuch erschienen war, gab nicht nur die Unterlassungserklärung ab, sondern ließ – wenn auch nach einigem Zögern – durch seinen Anwalt Dr. Feyock am 9. Januar 1992 mitteilen:

»Von dem streitgegenständlichen Werk hat unsere Mandantschaft rund 45.000 Exemplare verkauft. Mit einem Abverkauf weiterer Exemplare ist eigentlich nicht mehr zu rechnen. Derzeit werden weit mehr Exemplare vom Buchhandel zurückgegeben als geliefert werden. Insofern ist es auch möglich, daß die angegebene Zahl von 45.000 Exemplaren sich weiter nach unten korrigiert.«

Dies war eine der schönsten Mitteilungen, die ich im Verlaufe der Affäre erhielt. Nachdem schon infolge der ersten Pressekampagne Konzelmanns Golf-Buch von Woche zu Woche auf der Bestseller-Liste des SPIEGEL immer tiefer gesackt war, bis es schließlich ganz daraus verschwand, schickten nun die Buchhändler die zuvor georderten Konzelmann-Werke als unverkäuflich zurück. Das war es, wovon ich geträumt hatte. Fehlte noch, daß nun die Verlage gegen ihn klagten, weil er sie betrogen hatte, und ihm seine bei ihnen auf Halde liegenden Werke vor die Haustür kippten.

Die Mitteilung des dtv-Anwaltes barg jedoch auch eine bedrückende Information, hatte doch Konzelmann das Buch *Allahs Schwert*, eine seiner übelsten Sammlungen von Plagiaten, Banalitäten und Unsinn, innerhalb von nur zehn Monaten über 40.000 mal verkauft, 4.000 Exemplare in jedem Monat, fast 200 an jedem Tag, an dem Buchhandlungen normalerweise geöffnet sind! Und wie sich einen Monat später herausstellte, war das Buch seit seinem Ersterscheinen bei Herbig 1989 schon vorher fast 40.000 mal verkauft worden! 80.000 gutgläubige Menschen dieses Landes – ganz zu schweigen von den zahlreichen Benutzern öffentlicher Bibliotheken – hatten sich ihr Orientbild von Konzelmannschem Unsinn verbilden lassen! Wieviele Politiker beziehungsweise deren Berater mögen darunter gewesen sein, fragte ich mich, und wunderte mich nicht mehr über den Zustand der deutschen Nahost-Politik.

Doch wollen wir den Hauptverleger Konzelmanns, den Herrn Dr. Fleissner mit seinen Herbig-, Ullstein- und sonstigen Verlagen, zu dessen Verlagsautoren übrigens auch der »Republikaner« Schönhuber zählt, nicht ganz aus den Augen verlieren. Mitte Dezember 1991 hatte Heinrich Senfft die bornierte Auskunftsverweigerung des »durch Raubdruck bekannten Verlegers« endgültig satt und schrieb mir am 19. 12. 1991:

»Lieber Herr Rotter,
da Herr Fleissner erst etwas zu tun pflegt, wenn er den Vorschlaghammer in Richtung auf seine Fontanella gerichtet sieht, hat er sich wegen *Allahs Schwert* natürlich noch nicht gemeldet. Wenn er es denn aber nun wirklich ernst haben möchte, so muß ich vorher das Herbig-Buch entweder physisch oder in Fotokopie vor mir haben, damit ich es dem Gericht einreichen und ihm auch sagen kann, auf welchen Seiten das Diebesgut zu finden ist, denn die bisherigen Seitenangaben beziehen sich ja, wenn ich es recht verstanden habe, nur auf die dtv-Ausgabe.

Es wäre mir recht, wenn ich das Buch recht bald haben könnte, damit wir Herrn Fleissner noch am Montag den neuen Antrag auf den Gabentisch legen können.

Mit den besten Grüßen bin ich

Ihr Heinrich Senfft.«

Nun, mit dem Gabentisch klappte das nicht mehr ganz, da ich nicht willens war, das Buch auch noch in der Originalausgabe käuflich zu erstehen, und deshalb erst die Hamburger Stadtbibliothek bemühen mußte. So erhob denn Heinrich Senfft am 8. Januar 1992 in Sachen *Allahs Schwert* beim Landgericht Hamburg Klage gegen besagten Dr. Fleissner auf Unterlassung und Auskunft. Am 29. Januar drohte er in einem Schreiben an Wenzel, die Klage auf Konzelmann selbst auszudehnen, falls auch dieser bis zum 15. Februar die Zahlen nicht bekannt gebe, und schob schließlich am 30. Januar eine entsprechende Klage in Sachen *Die großen Kalifen* nach. Postwendend reagierte das Landgericht und beraumte die beiden Prozesse für den 6. beziehungsweise 27. März 1992 an.

Schon am 17. Dezember 1991, nach der einstweiligen Verfügung in Sachen *Allahs neues Weltreich*, hatte Konzelmanns Anwalt, Prof. Wenzel, an Heinrich Senfft geschrieben: »Gestatten Sie mir die Bemerkung, daß ich diese überflüssige Inanspruchnahme des Gerichts nicht als freundlichen Akt empfinden kann.«

Nun, als »freundlicher Akt« war es ja wirklich nicht gedacht, und freundliche Akte sind nach meinem Verständnis etwas völlig anderes. Heinrich Senfft schrieb denn auch zurück:

»...in der Sache Rotter haben Sie sich darüber beschwert, daß ich schließlich zum Gericht gegangen und eine einstweilige Verfügung beantragt habe, nachdem ich trotz geduldigen Zuwartens Schriftliches von Ihnen nicht bekommen habe. Und mit telefonischer Seelsorge mag Herr Rotter sich nicht zufrieden geben. Und es ist ja, pardon, wirklich so, daß ich von Ihnen nichts zu sehen bekomme, wenn ich nicht gerichtlich oder außergerichtlich drängle...«

Der erwähnte Brief des Anwalts Prof. Wenzel vom 17. Dezember enthielt jedoch auch diesen Absatz:

»Entsprechend einer Notiz in *Bild am Sonntag* vom 15. 12. 1991 soll Prof. Rotter mit dem Manuskript eines ›satirischen Buches‹ befaßt sein, für das der Titel vorgesehen sei ›Herr Konzelmann und der Kaffee des Kalifen‹. Teilen Sie mir doch bitte mit, ob diese Meldung den Tatsachen entspricht.«

Nun, ausnahmsweise hatte *Bild* ja wahrheitsgemäß berichtet, und ich fragte Heinrich Senfft, wie er denn mit Wenzels Bitte um Auskunft zu verfahren gedenke. »Wie der Fall Konzelmann zeigt«, war seine erhellende Antwort, »dürfen Sie in Deutschland fast alles schreiben, was Sie wollen – es muß nur, wenn Sie keinen Ärger haben wollen, stimmen. Antworten werde ich darauf dem Wenzel gar nicht.«

Es ging, als ich diese Zeilen schrieb, auf Mitte Februar 1992 zu. Es nahte somit der Stichtag, an dem Konzelmann und Fleissner letztmalig die Chance hatten, ihre Zahlen vollständig auf den Tisch zu legen, wollten sie denn um die Prozesse herumkommen. Und ein Wunder geschah, wenn auch nur ein kleines. Mit Schreiben vom 6. Februar schickte Fleissner eine Aufstellung der Auslieferungszahlen für *Die großen Kalifen*, *Allahs Schwert* und *Allahs neues Weltreich*. Danach wären von ersterem bis 1987 nur 4.783 Exemplare verkauft worden, vom zweiten und dritten bis 1991 immerhin 39.548 beziehungsweise 42.150. Über die Preise der Bücher, Nebenrechte und Honorarzahlungen schwieg sich Fleissner beharrlich weiter aus. Pünktlich zum 15. traf dann auch ein Schreiben des Prof. Wenzel bei Heinrich Senfft ein. Darin hieß es:

»Herr Konzelmann hat sich der großen Mühe unterzogen und die ihm vorliegenden Abrechnungen in einem an mich gerichteten Schreiben zusammengestellt. Im Einvernehmen mit Herrn Konzelmann übersende ich kurzerhand eine Kopie dieses Schreibens. Wahrscheinlich wird es das beste sein, wenn wir doch noch einmal versuchen, telefonisch über die Sache zu sprechen.«

Da war sie wieder, die Drohung mit dem Telefon, und die Freude Heinrich Senffts darüber konnte ich mir gut vorstellen. Quintessenz der angehefteten Aufstellung von Konzelmann sollte wohl sein, daß er mich bereits genügend entschädigt hätte. Dabei räumte er ein, daß er für *Die großen Kalifen* keine Abrechnungsbelege mehr hatte, daß er für 1991 überhaupt noch keine Honorarabrechnungen für seine Bücher erhalten habe und daß er die Abrechnung für 1990 im Falle von *Allahs Schwert* nicht lesen könne, da sie »in Computerform geschrieben« sei. Und dennoch konnte man sich einen ersten Eindruck davon verschaffen, was der Ali Baba mit seinen Machwerken verdient hatte: Allein für *Allahs Schwert* nannte er immerhin selbst eine Summe von fast 150.000 Mark und für *Allahs neues Weltreich* 288.000 Mark. So ganz ausreichend waren seine bisherigen Zahlungen allerdings noch nicht, doch deutete seine plötzliche Auskunftsbereitschaft darauf hin, daß er sich ohne Prozeß mit mir vergleichen wollte.

Wenn auch schleppend, so scheint nun im April 1992, da dieses Buch in Druck gehen soll, die rechtliche Seite der Affäre zu Ende zu gehen. Noch nicht ganz zu Ende bin ich jedoch mit meinem Buch, da in ihm noch etwas Wichtiges fehlt, nämlich das letzte Kapitel.

Ma scha'a llah! Was Gott will!

Die Karriere des Gerhard Konzelmann

Es bleibt nämlich noch ein Aspekt übrig, auf den ich bisher kaum das Augenmerk des Lesers gerichtet habe, und dies ist der *Mensch* Konzelmann und sein Werdegang zum TV-Kalifen, zum Bestseller-Autor und zum Großplagiator. Den Leser, der nun zum Abschluß irgendwelche Enthüllungsgeschichten unter der Gürtellinie erwartet, muß ich – dies sei vorweggenommen – gründlich enttäuschen. Zum einen hasse ich nämlich solche Schnüffeleien und gehe davon aus, daß Herr Konzelmann, trotz einer gewissen – literarischen – Schwäche für die Sklavinnen der Kalifen, ein treusorgender Familienvater für seine Frau Irmingard und ihre gemeinsamen drei Kinder ist, daß er wirklich »ein Nilpferd zum Knuddeln« sein mag, wie ich in einer Zeitung gelesen zu haben glaube, und daß er überhaupt ein Mensch ist, mit dem man »em Schwabeländle äbe gemitlich en Schobbe trinke ka«.

Nun wird andererseits der Leser aber auch dafür Verständnis haben, daß ich im Verlaufe dieser Affäre zwar durchaus eine gewisse Verbundenheit zu meinem Forschungsobjekt entwickelt habe, daß diese Verbundenheit aber zunehmend dem Interesse glich, das der Kunstsammler für den Fälscher entwickelt.

Wer ist nun eigentlich dieser TV-Kalif und Plagiate-Ali-Baba Gerhard Konzelmann? Im *Munzinger-Archiv* (13/89) liest man unter dem Stichwort »Gerhard Konzelmann, deutscher Journalist und Schriftsteller«:

»Gerhard Konzelmann, ev., wurde am 26. Okt. 1932 als Sohn eines Eisenbahn-Oberwerkmeisters in Stuttgart geboren. K. besuchte das Gymnasium und studierte von 1952-57 Philologie in Tübingen und Besançon.«

Nun ist das mit dem Studium der Philologie so eine Sache, da es ein solches Studium bekanntermaßen nicht gibt. Man wüßte es gern etwas genauer. Deutsche Philologie, also Germanistik? Französische Philologie, also Romanistik? Oder gar arabische Philologie, also Arabistik? Letzteres wäre ja zum Beispiel keine schlechte Voraussetzung für einen angehenden Nahost-Korrespondenten. Da hilft nun *Wer ist wer?* weiter. In der Ausgabe von 1989 steht bei Konzelmann unter der Rubrik »Sprachen«: »Englisch, Französisch, Italienisch«. Hätte ich dies vor einigen Monaten schon gelesen, hätte ich mir den aus seinen Werken erschlossenen Befund, daß Konzelmann keinerlei Arabischkenntnisse hat, sparen können; er war tatsächlich nicht so vermessen, dies zu behaupten. Aber was hat er nun eigentlich studiert? In einem Werbetext zu seinem 1979 erschienenen Opus *Die Schiiten* werden als Studienfächer Geschichte und Literaturwissenschaft angegeben, doch wie dem auch sei, von einem Studienabschluß ist eh' nirgends die Rede.

Nun ist es ja durchaus kein Makel, ein Studium aufzugeben, zumal dann nicht, wenn man entdeckt, daß die eigenen Talente woanders liegen, und Konzelmann entdeckte diese bei Rundfunk und Fernsehen. Lesen wir weiter im *Munzinger-Archiv*:

»1956 begann K. beim SDR-Hörfunk ein Volontariat, das ihm während der ersten Suezkrise früh Gelegenheit zu selbständigem Kommentieren bot. 1957 bereits Redakteur bei der Abendschau des Fernsehens, wurde er 1959 persönlicher Referent des SDR-Fernsehdirektors und Chef vom Dienst. In dieser Zeit produzierte er auch zahlreiche Filme für das Regional- und Nachmittagsprogramm. 1964 entsandte ihn der Südfunk in die Programmdirektion des Deutschen Fernsehens nach München.«

Wahrlich eine Bilderbuchkarriere! München scheint aber dem wackeren Schwaben nicht gefallen zu haben, und Mitte 1968 finden wir ihn erstmals im Orient, nämlich als »ARD-Arabien-Korrespondent mit Sitz in Beirut«, wo er dann auch bis 1974 blieb. Die Fügungen des Geschicks sind unergründlich, lebte ich selbst doch von Anfang 1968 bis Ende 1969 als frischgebackener Orientalist in Beirut, ohne daß mir allerdings eine Begegnung mit dem Meister in Erinnerung geblieben wäre.

»1974«, so das *Munzinger-Archiv* weiter, »kehrte er zum Süddeutschen Rundfunk nach Stuttgart zurück und übernahm dort die Leitung der Fernsehabteilung Kultur und Gesellschaft«, während mich das Schicksal schon im voraus nach Tübingen, sozusagen in einen Vorort der Schwabenmetropole, verbannt hatte. Und das Schicksal ließ nicht locker. Noch 1974, während der

Deutsch-Arabischen Kulturwoche in Tübingen und wohl ein oder zwei Jahre später bei einer Podiumsdiskussion im Südwestfunk Baden-Baden, führte es uns beide erstmals und überwiegend konfrontativ zusammen, ohne daß wir uns indessen gegenseitig besonders beeindrukkend fanden.

Doch zurück zum *Munzinger-Archiv*: »Ab 1. Juli 1981 wieder als Nahostkorrespondent des Deutschen Fernsehens in Kairo tätig, übergab K. im März 1985 das ARD-Studio in Kairo/Beirut an Walter Helfer.« Nein, es konnte wirklich kein Zufall mehr sein, war ich doch Ende 1980 erneut Herrn Konzelmann vorausgeeilt und von Tübingen nach Beirut umgezogen, wo ich dann bis 1984 lebte. Konzelmann zog es allerdings in jenen Jahren vor, den vom Bürgerkrieg heimgesuchten Libanon nach Möglichkeit zu meiden und lieber in Kairo zu residieren. Nur während der israelischen Invasion in den Libanon im Sommer 1982 war er es seinem Arbeitgeber wohl schuldig, hin und wieder selbst am Ort des Geschehens aufzutauchen. In der hintersten Ecke des Restaurants im Hotel Alexandre in Ost-Beirut konnte man ihn damals hin und wieder sitzen sehen, während West-Beirut pausenlos bombardiert wurde. Er schickte lieber seinen libanesischen Kameramann zu den heißen Punkten des Krieges und kommentierte selbst aus sicherer Entfernung. Die wenigen Begegnungen, die wir beide in dem genannten Hotel hatten, blieben wort- und grußlos. Ich wußte damals nicht, was er sehr wohl wußte: daß er zwei Jahre zuvor aus einem meiner Bücher so massiv abgeschrieben hatte.

Doch halt! Hat Konzelmann 1991 dem SPIEGEL gegenüber nicht behauptet, sein Mohammed-Buch habe er vor zwölf Jahren »in der vom Bürgerkrieg bedrohten Stadt Beirut« geschrieben, weshalb er nur »wenige Hilfsmittel« zur Verfügung hatte (s.o. S. 82)? Da das Buch 1980 erschienen ist, dürfte er es im wesentlichen tatsächlich 1979 geschrieben haben. Damals war er aber laut *Munzinger-Archiv* – wie wir soeben gesehen haben – eindeutig der Leiter »der Fernsehhauptabteilung Kultur und Gesellschaft« des Süddeutschen Rundfunks in Stuttgart. Wahrlich viele »Hilfsmittel«, um ein Buch über Mohammed zu schreiben, gibt es in Stuttgart und Umgebung; so beherbergt zum Beispiel die Universität Tübingen ein sehr gut bestücktes »Orientalisches Seminar«, wo wir uns schon wieder hätten treffen können. Doch damals hatte das Schicksal offenbar beschlossen, uns auf subtilere Weise und dauerhaft aneinanderzuschmieden, ließ ihn im nahen Stuttgart heimlich von mir abschreiben und knüpfte so ein zartes geistiges Band zwischen uns beiden. Ma scha'a llah! Was Gott will!

Doch wenden wir uns wieder Konzelmanns Vita beziehungsweise dem *Munzinger-Archiv* zu! »Seither« (das heißt seit 1984), heißt es dort, »zeichnet er als Hauptabteilungsleiter der Fernsehredaktion ›Kultur und Gesellschaft‹ des SDR für Musiksendungen verantwortlich und begann, sich nebenher mit dem Schreiben musikalischer Werke einen Jugendtraum zu erfüllen. ›Meine eigentliche Berufung‹, meint Konzelmann, der schon früher Filmmusik und die Hintergrundmusik zu seinen TV-Reportagen komponierte. Michael Endes Spiel *Das*

Gauklermärchen machte er zur Grundlage seiner gleichnamigen Oper, die am 4. Sept. 1988 im Kölner Opernhaus uraufgeführt wurde.«

Wahrlich ein Multitalent! Nun verstehe ich von Opern soviel wie Konzelmann von Arabisch, nämlich nichts, doch las ich nichtsdestoweniger mit großem Interesse nachträglich die Pressekritiken zu seiner Oper. Es mochte ja sein, daß er da wirklich Experte war. Und hatte doch die *Süddeutsche Zeitung* am 13. Juni 1988, die Uraufführung der Oper ankündigend, im »Streiflicht« völlig richtig festgestellt: »Nicht jeder ist in der Lage, sein beruflich verfehltes Leben derart rückwirkend zu korrigieren.«

Nun, die Pressekritiken in den Tagen nach der Uraufführung ließen erkennen, daß es mit der rückwirkenden Lebenskorrektur offenbar doch nicht so recht geklappt hatte. Von Pfiffen war da sogar in der *Bild-Zeitung* zu lesen. Und Reinhard Beuth war richtig böse in seinem Artikel in der *Welt* vom 6. September 1988, dem er den despektierlichen Titel *Wenn das Seveso-Gift durch die Oper wölkt* gab und in dem es unter anderem heißt:

»Also, wer da den Text aus dem unendlichen Ende kompiliert hat, wird so ganz klar nicht. Klar wird: Er ist zu lang. Er macht zu viele Worte um zu wenig Handlung. Deswegen dauert das Stück drei Stunden... Die beste Szene ist das Vorspiel. Das wird nämlich nur gesprochen... Ein bißchen Impressionismus, ein paar wagnerische Schlenker, ein bißchen Strawinsky und ein bißchen Weill und dann auch schon ein bißchen Minimal Music... Nach den ersten Bildern meint man ja noch, nach ein paar Semestern Instrumentationslehre könnte noch was werden aus der Partitur. Aber da würde auch nichts draus, wenn man die Streicher hören könnte und Konzelmann noch lernte, wie es weitergeht mit dem Cembalo. Der Aufwand ist groß, das Resultat dünn. Aber lang. So lang, daß man sich fragt, warum der Komponist nicht doch noch jemand hat drüberschauen lassen, ob nicht was zu straffen wäre. Er wird wissen, warum er das nicht getan hat: Es wären wohl nur ein paar Minuten übriggeblieben...«

Ich bin absolut kein Musikfachmann. Was Reinhard Beuth aber mit seiner Kritik der Konzelmann-Oper zum Ausdruck bringen wollte, erscheint mir im Kern nichts anderes als das, was sich über seine Bücher sagen läßt. Doch auch ein neuer Aspekt taucht in Beuths Kritik auf, wundert er sich doch am Ende, warum die Kölner Oper überhaupt eine solch teure Inszenierung ins Werk setzte. Er fragt süffisant,

»ob da wohl mitspielt, daß der Komponist Konzelmann als Südfunk-Redakteur zuständig ist für die Schwetzinger Festspiele, wo Kölns Intendant Michael Hampe oft und gern inszeniert? Vielleicht ein bißchen viel an Freundschaftsdienst.«

Doch einflußreiche Freunde hat Konzelmann offenbar nicht nur an der Kölner Oper. Zwei Angaben aus dem *Munzinger-Archiv* sind nämlich noch nachzutragen. Die erste lautet: »Seit 1986 ist K. auch Lehrbeauftragter für Arabische Politik an der Universität Konstanz.« Wer, so muß man sich doch fragen, hat ihm denn diesen Freundschaftsdienst erwiesen? Daß ihm die Konstanzer Politologen völlig aus eigenen Stücken einen solchen Lehrauftrag angeboten hätten, kann ich mir beim besten Willen nicht vorstellen. Schließlich überträgt man auch niemandem einen Lehrauftrag für französische Politik, der nicht einmal eine französische Zeitung lesen kann. Inzwischen höre ich, daß Konzelmann neuerdings auch an der Hochschule Stuttgart-Hohenheim Entsprechendes gelehrt hat. Und da wird man nun endgültig stutzig. Beiden Universitäten, Stuttgart-Hohenheim wie Konstanz, ist nämlich der Umstand gemeinsam, daß es dort im Gegensatz zu Tübingen, Freiburg und Heidelberg keine orientalistischen Institute gibt und somit die Gefahr, es könnte sich einmal ein des Arabischen mächtiger Student in seine Vorlesung verirren, relativ gering war. Doch die Frage bleibt offen: Wie ist Konzelmann zu diesen Lehraufträgen gekommen?

Eine mögliche Antwort versteckt sich vielleicht in der zweiten und letzten Angabe im *Munzinger-Archiv*: »Auszeichnungen: Bundesverdienstkreuz am Band, Bambi-Preis, Adolf-Grimme-Preis.« Wofür er die beiden Fernseh-Preise bekommen hat, entzieht sich meiner Kenntnis, doch über die Verleihung des Bundesverdienstkreuzes fanden sich mehrere Zeitungsmeldungen aus dem Jahre 1985. So berichtete die *Stuttgarter Zeitung* am 17. Mai:

»Der Nahost-Fernseh-Korrespondent Gerhard Konzelmann ist am Mittwoch in Stuttgart von Ministerpräsident Lothar Späth mit dem Verdienstkreuz am Bande des Verdienstordens ausgezeichnet worden. Späth bezeichnete Konzelmann als einen außergewöhnlich kundigen Fernseh-Korrespondenten, dem es über viele Jahre gelungen sei, einer breiten Öffentlichkeit die Besonderheiten des Nahen Ostens verständlich zu machen.«

Was es mit dem Verständlichmachen des Nahen Ostens durch Konzelmann so auf sich hat, habe ich ja hinlänglich dokumentiert, weshalb auf die Begründung für die Ordensverleihung nicht mehr eingegangen werden braucht. Wichtiger in unserem Zusammenhang ist hier der Ordensverleiher: das Cleverle Lothar Späth. Und Lothar Späth beließ es nicht bei einem Orden für Konzelmann, sondern überreichte ihm vier Jahre später gleich noch einen zweiten, von dem ich, da ich mich in der deutschen Ordenshierarchie überhaupt nicht auskenne, vermute, daß er eine noch größere Auszeichnung bedeutet. Nicht ganz ohne ironischen Unterton, den ich der staatstragenden Postille *Die Welt* gar nicht zutraute, schrieb diese am 22. August 1989:

»Er sei ein ›Multitalent‹, das in Wort und Schrift, mit Bildern und Tönen eine ›brillante Vielseitigkeit‹ zeige, sagte Baden-Württembergs Ministerpräsident Lothar Späth über den Journalisten Gerhard Konzelmann, als er ihm das Bundesverdienstkreuz 1. Klasse überreichte. Wohl wahr. Konzelmann berichtete zehn Jahre für die ARD aus dem Nahen Osten. Seine Bücher über die Krisenherde der Region sind Standardwerke (! G.R.). Zuletzt trat Konzelmann als Komponist hervor. Die Aufführung seiner Oper *Gauklermärchen* war wochenlang Tagesgespräch – zumindest in Köln.«

War es vielleicht diese Maultaschen-Connection, so frage ich mich, zwischen Lothar Späth und Gerhard Konzelmann, die letzterem seinen unangefochtenen Fernsehposten sicherte? Weitere Ehrungen für unseren Plagiats-Ali-Baba sind mir nicht bekannt, und so endet nun die Geschichte, pardon: das Sachbuch, über das tragische Geschick eines gewissen Herrn Gerhard Konzelmann, der einerseits auszog, »den Islam für alle verständlich zu machen«, und sich andererseits einen Jugendtraum erfüllte und eine Oper schrieb, in der er nach eigenen Worten (*Saarbrücker Zeitung* vom 1. 9. 1988) versucht hat, »Wege zu gehen, auf denen mich das Publikum begleitet«. Nun will ihn aber das bornierte Publikum nicht mehr in die Oper begleiten, und beleidigte Schreibtischgelehrte behaupten, er habe den Islam noch unverständlicher gemacht, als er es vorher den meisten Deutschen schon war. Doch »mehr wert als große Ehrungen«, so die *Hannoversche Allgemeine Zeitung* vom 23. Oktober 1987, »scheint dem zurückhaltenden Mann seine Arbeit zu sein.« Das ehrt nun wieder das verkannte Genie – aber müssen wir daraus nicht schließen, daß mit weiteren Konzelaten zu rechnen ist?

Literaturverzeichnis

1. Bücher von Gerhard Konzelmann, die hier mehr oder weniger detailliert besprochen wurden (die Angaben beziehen sich auf die Erstauflage)

Allahs neues Weltreich. Der Kampf um die arabische Einheit, Herbig Verlag, München/Berlin 1986

Allahs Schwert. Der Aufbruch der Schiiten, Herbig Verlag, München/Berlin 1989

Der Diwan des Harun Al Raschid, Thienemann Verlag, Stuttgart 1987

Der Golf. Vom Garten Eden zur Weltkrisenregion, Verlag Hoffmann und Campe, Hamburg 1991

Der Jordan. Ur-Strom zwischen Heil und Haß, Verlag Hoffmann und Campe, Hamburg 1990

Der unheilige Krieg. Krisenherde im Nahen Osten, Verlag Hoffmann und Campe, Hamburg 1985

Die großen Kalifen. Das goldenene Zeitalter Arabiens, Herbig Verlag, München/Berlin 1977

Mohammed. Allahs Prophet und Feldherr, Bastei-Lübbe Verlag, Bergisch Gladbach 1980

2. Weitere Werke von Gerhard Konzelmann, die nicht Gegenstand der Untersuchung waren (zusammengestellt nach dem *Munzinger-Archiv* (13/89); mit Ergänzungen aus dem *Verzeichnis lieferbarer Bücher 89/90;* jeweils mit dem Jahr der Erstauflage)

Vom Frieden redet keiner. Zwischen den Fronten im Nahen Osten, Stuttgart 1971

Die Schlacht um Israel. Der Krieg der Heiligen Tage, München 1974

Die Araber und ihr Traum vom Großarabischen Reich, München 1974

Die Reichen aus dem Morgenland. Wirtschaftsmacht Arabien, München 1975

Aufbruch der Hebräer. Der Ursprung des biblischen Volkes, München 1976

Öl, Schicksal der Menschheit? Würzburg 1976

Der befohlene Friede, München/Berlin 1978

Ölpest. Der Supertanker auf den Weltmeeren, Percha am Starnberger See 1979

Die Schiiten und die islamische Republik. Hintergründe zu den Ereignissen im Iran, München 1979

Sie alle wollten Afrika. Die Geschichte der Entdeckung und Eroberung, Stuttgart 1979

Die islamische Herausforderung, Hamburg 1980

Arafat. Verhängnis oder Hoffnung? Bergisch Gladbach 1981

Der Nil. Heiliger Strom unter Sonnenbarke, Kreuz und Halbmond, Hamburg 1982

Jerusalem. 4000 Jahre Kampf um eine heilige Stadt, Hamburg 1984

Die Söhne des Ali oder der Aufbruch der Schiiten, Berlin 1987

Das Schwert des Saladin, Stuttgart 1990

3. Sonstige zitierte Literatur

Beuth, Reinhard: *Wenn das Seveso-Gift durch die Oper wölkt*, in: *Die Welt* vom 6. 9. 1988

Brunold, G.: *Populäres aber Ungenaues über die Araber*, in: *Neue Zürcher Zeitung* vom 15. 6. 1986

Denzler, Georg: *Mit fremden Federn geschmückt*, in: *Süddeutsche Zeitung* vom 18./19. 1. 1992

Encyclopaedia of Islam, Bd. 1ff., Leiden 1960ff.

Enzyklopaedie des Islam, 4 Bde., Leiden/Leipzig 1913-1934

Eulenberg, Herbert: *Das Leben Mohammeds nach Mohammed Ibn Ishak*, Berlin und Wien o. J. (1916?)

Fehrenbach, Oskar: *Der Fall Konzelmann*, in: *Sonntag aktuell* vom 22. 9. 1991

Guillaume, A. (Übers.): *The Life of Muhammad. A Translation of Ibn Ishaq's Sirat Rasul Allah*, Oxford 1955

Halm, Heinz: *Die Panikmacher. Wie im Westen der Islam zum neuen Feindbild aufgebaut wird*, in: *Süddeutsche Zeitung* vom 16./17. 2. 1991

Heine, Peter: *Kulinarische Studien*, Wiesbaden 1988

Kienzle, Ulrich: *Milizionäre, Mörder und Massaker*, in: DIE ZEIT vom 8. 11. 1985

Kreiser, Klaus; Diem, Werner; Majer, Hans Georg (Hrsg.): *Lexikon der Islamischen Welt*, 3 Bde., Stuttgart 1974

Littmann, Enno (Übers.), *Die Erzählungen aus den Tausendundein Nächten*, 6 Bde., Leipzig 1923-1928

Philipp, Peter: *Moses kann sich nicht mehr wehren*, in: *Frankfurter Rundschau* vom 2. 8. 1990

Rotter, Gernot (Übers.): *Abu l-Faradsch. Und der Kalif beschenkte ihn reichlich. Aus dem Arabischen übertragen und bearbeitet*, Tübingen 1977

Rotter, Gernot (Übers.): *Ibn Ishaq. Das Leben des Propheten. Aus dem Arabischen übertragen und bearbeitet*, Tübingen 1976

Saller, Walter: *Anekdoten vom Bibelkönig*, in: *Deutsches Allgemeines Sonntagsblatt* vom 16. 3. 1990

Schulze, Gernot: *Meine Rechte als Urheber*, München 1991

Urheber- und Verlagsrecht, Beck-Texte, München 1990

Weil, Gustav (Übers.): *Das Leben Mohammeds nach Mohammed Ibn Ishak*. Bearbeitet von Abd al-Malik Ibn Hischam, 2 Bde., Stuttgart 1864

Weil, Gustav: *Geschichte der Chalifen*, nach handschriftlichen, größtenteils noch unbenützten Quellen bearbeitet, Bd. 1, Mannheim 1846

Wellhausen, Julius (Übers.): *Muhammad in Medina. Das ist Vakidi's Kitab al-Maghazi in verkürzter deutscher Wiedergabe*, Berlin 1882

Über den Autor

Gernot Rotter, geb. 1941; Studium der Islamwissenschaft, Afrikanistik, Vergleichenden Religionswissenschaft, Völkerkunde und Romanistik; nach seiner Promotion über Rassentoleranz im Islam 1968/69 Wissenschaftlicher Referent am Orient-Institut in Beirut (Libanon); bis 1980 Assistent und nach seiner Habilitation über frühislamische Geschichte Privatdozent für Islamwissenschaft an der Universität Tübingen; von 1980 bis 1984 Direktor des Orient-Instituts in Beirut, anschließend Professor für Gegenwartsbezogene Orient-Wissenschaft an der Universität Hamburg; von 1987 bis 1991 Abgeordneter der Grünen im Landtag von Rheinland-Pfalz in Mainz.

Neben rein wissenschaftlichen Veröffentlichungen zur arabisch-islamischen Geschichte und zum Islam in Schwarzafrika bemühte sich Rotter, u. a. durch die von ihm begründete Übersetzungsreihe *Bibliothek arabischer Klassiker*, bedeutende Werke des arabischen Mittelalters einer breiteren Öffentlichkeit zugänglich zu machen.